LAS 17 CUALIDADES ESENCIALES DE UN JUGADOR DE EQUIPO

JOHN C. MAXWELL

BETANIA

Un Sello de Editorial Caribe

GRUPO NELSON
Una división de Thomas Nelson Publishers
Juntos inspiramos al mundo

Betania es un sello de Editorial Caribe, Inc.

© **2006 por Maxwell Motivation y JAMAX Realty**

© **2002 Editorial Caribe, Inc.**
Una división de Thomas Nelson, Inc.
Nashville, TN-Miami, FL, EE.UU.
www.caribebetania.com

Título en inglés: The 17 Essential Qualities of a Team Player
© 2002 por John Maxwell
Publicado por Thomas Nelson Publishers

A menos que se señale lo contrario, todas las citas bíblicas
son tomadas de la Versión Reina-Valera 1960
© 1960 Sociedades Bíblicas Unidas en América Latina.
Usadas con permiso.

Traductor: Eugenio Orellana

Desarrollo técnico y diseño tipográfico:
A&W Publishing Electronic Services, Inc.

ISBN: 0-88113-737-5

Impreso en EE.UU.
Printed in U.S.A.
9ª Impresión

Dedico este libro a los miembros de cada grupo del que he tenido el privilegio de formar parte.

RECONOCIMIENTOS

Quisiera dar las gracias a todos los que me ayudaron con este libro. Cada uno de ellos es un verdadero jugador de equipo:

Linda Eggers, mi asistente administrativa
Kathie Wheat, mi asistente de investigación
Stephanie Wetzel, mi correctora de pruebas
Charlie Wetzel, mi escritor

CONTENIDO

No se puede hacer un gran equipo sin grandes jugadores. Esto es un hecho. Como dice el refrán: «Es posible perder con buenos jugadores, pero no se puede ganar sin ellos». Entonces, ¿cómo puede conseguir buenos jugadores? O, ¿cómo puede usted convertirse en un mejor jugador? Cuando se trata de tener gente buena en un equipo, sólo hay dos alternativas: entrenarlos o comprarlos. O hace campeones de los jugadores que tiene, o recluta personas con mentalidad de campeones. Este libro puede ayudarle en ambos casos.

Desarrollar un mejor equipo siempre comienza con usted. Para mejorar el equipo, mejore a las personas que lo integran. Usted se convertirá en un mejor jugador si adopta las cualidades que se presentan en las páginas siguientes. Mi recomendación es que avance por este libro en forma pausada. Lea un capítulo. Digiéralo. Use la sección *Algo para hacer* como una ayuda para que capte mejor cada cualidad. Si quiere evaluar alguna cualidad en particular, visite en la

Internet el sitio *www.QualitiesOfATeamPlayer.com*. Al adoptar el proceso, podrá convertirse en la clase de persona que todos los equipos desean.

Cuando usted mejora, añade valor a su equipo. Pero si ya tiene un papel de líder en su equipo, es especialmente vital. ¿Por qué? Porque sólo podrá enseñar eficazmente lo que modela en forma consistente. Hace falta una persona para conocer a otra, enseñarle a otra y desarrollar a otra.

Una vez que modele la conducta que espera de sus compañeros de equipo, comience a usar *Las 17 cualidades de un jugador de equipo* como un manual de entrenamiento. Puede usarlo para ayudar a sus jugadores a ser mejores colaboradores del equipo, sin importar el nivel de talento que tengan. Y si desea reclutar nuevos jugadores, use el libro como una guía para encontrar la clase de jugadores que pondrán al equipo como su prioridad número uno. Puede estar seguro que cualquiera que exhiba las diecisiete cualidades será un jugador de equipo.

Las habilidades que Dios nos da pueden estar fuera de nuestro control, pero no así la capacidad de trabajar como parte de un equipo. Todo el mundo puede escoger convertirse en un mejor jugador de equipo. Todo lo que se requiere es adoptar las cualidades de un jugador de equipo. Hágalo, ayude a sus compañeros a hacer lo mismo y todo el equipo mejorará.

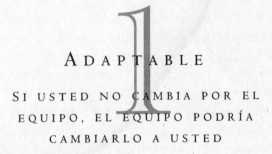

ADAPTABLE

SI USTED NO CAMBIA POR EL EQUIPO, EL EQUIPO PODRÍA CAMBIARLO A USTED

La inflexibilidad es uno de los peores defectos humanos. Usted puede aprender a controlar su impetuosidad, a vencer el miedo con confianza y la holgazanería con disciplina. Pero para la rigidez de mente no hay antídoto. Lleva en sí la semilla de su propia destrucción.

—Anónimo

Bienaventurados los flexibles porque ellos no se romperán cuando los doblen.

—Michael McGriff

Una Mente «Bebop»

Sus amigos lo llaman Q. Es una leyenda en la industria del entretenimiento. Ha trabajado con los mejores en el negocio, empezando en la era del jazz improvisado y de compleja armonización conocida en los Estados Unidos como la «Era Bob o Bebop» con artistas como: Duke Ellington, Count Basie, Lionel Hampton, Frank Sinatra, Ella Fitzgerald, Sarah Vaughan, Ray Charles, Miles David y muchos otros. Produjo el sencillo más vendido de todos los tiempos: *We Are the World*. Produjo el álbum más vendido de todos los tiempos: *Thriller*, de Michael Jackson. Ha sido nominado para más premios Grammy que cualquier otra persona y, hasta hoy, ha ganado un total de veintisiete. Estoy hablando de Quincy Jones.

Quincy Jones nació en 1933 en Chicago y pasó sus primeros diez años en uno de los barrios más difíciles de la ciudad. Jones dice que él y su hermano se metieron en muchos problemas en aquellos días. Luego, su familia se trasladó a vivir a Bremerton, Washington.

Poco después Jones descubrió su amor por la música. A la edad de once años, decidió que quería tocar algún instrumento. Empezó con percusión. Aun en ese entonces mostró señales de una cualidad que lo marcaría como profesional: su adaptabilidad. Se quedaba después de clases practicando con una variedad de otros instrumentos. Probó con el clarinete y el violín, pero finalmente se quedó con los bronces. Así que trató todos los instrumentos de la familia de los bronces: barítono, corno francés, saxofón y trombón. Finalmente se quedó con la trompeta, y con ella sobresalió.

A la edad de catorce años, tuvo su primer trabajo pagado como músico. Siendo un adolescente conoció a Ray Charles iniciando una amistad con él. Ray Charles es un poco mayor que él. Jones empezó a componer música y a aprender a hacer arreglos. Y cuando las mejores orquestas y cantantes pasaban por Seattle, él iba a escucharlos tocar o a tocar con ellos. A los dieciocho años, salió en gira con Lionel Hampton.

Jones siempre ha mostrado una gran hambre por aprender, lo que llama una «curiosidad obsesiva» y una admirable capacidad de adaptación. A través de los años, ha pasado fácilmente de músico a arreglista a director de orquesta. En la década de los 50, trabajó con varios de los más grandes intérpretes de jazz. En 1957, cuando le pareció que era tiempo de educarse mejor, viajó a París y estudió bajo Nadia Boulanger, quien había tenido alumnos como Aaron Copland y Leonard Bernstein.

Para ese tiempo, Jones comenzó a trabajar con Mercury Records para poder mantenerse. Allí conoció el lado comercial de la industria de la música. Le fue tan bien que en 1964 la compañía lo nombró uno de sus vicepresidentes. (Fue el primer afroamericano en alcanzar una posición de ejecutivo en una importante compañía de discos.) También en la década del 60 decidió afrontar un nuevo desafío: escribir música para películas. Desde entonces ha escrito la música para más de treinta películas y numerosos programas de televisión.

A lo largo de su carrera, Jones ha trabajado con los mejores cantantes y músicos del mundo. Debido a que pasó mucho tiempo en la comunidad del jazz, cuando en 1982 trabajó con Michael Jackson, algunos de sus colegas lo acusaron de haberse «vendido». Jones pensó que esto era ridículo y comentó:

Cuando tenía doce o trece años de edad, tocábamos cualquier cosa: música de banda, *rythm* y *blues*. Tocábamos música pop, música escocesa [similar a las polcas] y sousa... Tocábamos en todos los clubes de la ciudad: negros, blancos y clubes de tenis, por lo que siempre he tenido una amplia variedad de estilos para escoger. Trabajar a Michael Jackson o Frank Sinatra nunca ha sido un problema. El bebop fue algo en lo que estuve muy involucrado musicalmente y esto afecta tu forma de pensar. Te quita la rigidez y te ayuda a mantener siempre tu mente abierta.[1]

Su flexibilidad y creatividad le han servido de mucho. No sólo le han permitido trabajar con toda clase de músicos, desde latinos a pop y desde jazz a rap sino que también le han ayudado a obtener el máximo de la persona con la que trabaja. Se adapta a la persona y a la situación para crear una ganancia para todos. Jones dice: «Cada uno tiene una manera diferente de relacionarse con la gente. Si los contamos a todos uno por uno, me siento feliz con todos porque he desarrollado con ellos una relación magnífica que trasciende el mundo de los negocios del entretenimiento».[2]

Él mismo ha trascendido profesionalmente. Ha usado su adaptabilidad para incursionar en otras industrias. Entró en la cinematografía cuando coprodujo *The Color Purple (El color púrpura)*. Luego fue a la televisión donde produjo varios programas que fueron todo un éxito, como *The Fresh Prince of Bel-Air*. Jones y varios socios lanzaron *Qwest Broadcasting* y también es el fundador y presidente de la revista *Vibe*.

Para Jones, ser capaz de ajustarse o adaptarse no es la gran cosa; es sencillamente lo que él es. Actualmente está escribiendo una obra para Broadway basada en la vida de Sammy Davis, Jr. Dice que este trabajo lo hace sentir como si tuviera quince años. Jones nunca le ha tenido miedo a una idea nueva, a un nuevo equipo de trabajo, a una nueva industria. Los desafíos no han sido un problema para él porque es increíblemente adaptable.

UN POCO MÁS DE SUSTANCIA

El trabajo en equipo y la rigidez personal sencillamente no mezclan. Si quiere trabajar bien con otros y ser un buen jugador de equipo tiene que estar dispuesto a adaptarse al equipo. Rosabeth Moss Kanter, profesora de la escuela de administración de Harvard dice: «Las personas que van a tener éxito y prosperar también serán maestros del cambio: listos a reorientar sus actividades y las de otros en direcciones no intentadas antes para llegar a los más altos niveles de logros».

> **El trabajo en equipo y la rigidez personal sencillamente no mezclan.**

Los miembros de un equipo que son adaptables tienen ciertas características. Las personas adaptables son...

1. [están] Dispuestas a aprender

Diana Nyad dijo: «Estoy dispuesta a enfrentar lo que sea; el dolor o los malestares temporales no me asustan cuando entiendo que la experiencia me llevará a un nivel nuevo. Me interesa lo desconocido y la única forma de conocer lo desconocido es incursionar en ello es derribando barreras». Las personas adaptables dan siempre una gran prioridad a abrir nuevos caminos. Están siempre dispuestas a aprender.

Observe a Quincy Jones y verá a alguien que siempre está aprendiendo. Él cree que si una persona trabaja duro y llega a ser experto en cierta área puede transferir esa habilidad a nuevos esfuerzos. Esa perspectiva funciona en cualquiera persona que esté dispuesta a aprender. Por otro lado, a quienes no les gusta aprender tienen dificultades con los cambios y, como resultado, nunca se adaptan bien.

2. *Emocionalmente seguras*

Otra característica de la gente adaptable es su seguridad. Las personas que no tienen seguridad emocional ven casi todo como un reto o una amenaza. Miran con rigidez o sospecha el que otra persona talentosa se una al equipo, temen que afecte su posición o título o que las cosas no se sigan haciendo como se habían venido haciendo. En cambio, a las personas seguras los cambios no los alteran. Evalúan una nueva situación o una modificación en sus responsabilidades basados en los méritos de tal situación o cambio.

> **La edad de una persona puede determinarse por el grado de dolor que experimenta cuando entra en contacto con una idea nueva.**
>
> **—Quincy Jones**

3. *Creativas*

La creatividad es otra característica de las personas adaptables. Cuando vienen los problemas, encuentran una forma de superarlos. Quincy Jones lo dice así:

Hay una expresión que dice que la edad de una persona puede determinarse por el grado de dolor que experimenta cuando entra en contacto con una idea nueva. Quizás alguien diga: «Vamos a intentarlo de esta otra manera». Realmente puede ver el dolor. Estas personas se llevarán las manos a la cabeza. Les duele físicamente pensar hacer algo diferente. El que no reacciona con miedo es realmente la persona creativa. «Vamos a intentarlo», dice. «Vamos a hacerlo aun si fracasamos».[3]

La creatividad da alas a la adaptabilidad.

4. [están] Orientadas al servicio

Las personas que se enfocan en sí mismas son menos aptas para hacer cambios a favor del equipo que aquellas enfocadas en servir a otros. Horace Mann, educador y presidente de universidad dijo: «No hacer nada por los demás es la ruina de nuestro ego». Si su meta es servir a su equipo no será difícil adaptarse para alcanzar esa meta.

ALGO PARA PENSAR

¿Cómo está usted cuando se trata de adaptabilidad? Si mejorar el rendimiento del equipo requiere cambiar la forma en que venían haciéndose las cosas, ¿cómo reacciona? ¿Coopera con el cambio o prefiere seguir haciendo las cosas «como se han hecho siempre»? Si alguien con más talento en su área se une al equipo ¿estaría dispuesto a asumir un papel distinto? O si un jugador clave en otra área tiene un problema, ¿está dispuesto a cambiar posiciones con el fin de ayudarlo? La primera clave para ser parte de un equipo es estar dispuesto a adaptarse a él. ¡No espere que el equipo se adapte a usted!

ALGO PARA HACER

Para ser más adaptable...

- *Hágase el hábito de aprender.* Por muchos años llevé en mi billetera una tarjeta de cinco por doce centímetros. Cada día, cuando aprendía algo nuevo, lo escribía en esa tarjeta. Al final del día, trataba de compartir la idea con un amigo o colega y luego archivaba la idea para usarla cuando se presentara la ocasión. Esto me creó el hábito de *buscar* cosas para aprender. Inténtelo durante una semana y vea qué ocurre.

• *Reevalúe su papel*. Dedique algún tiempo a examinar su papel en el equipo. Luego trate de descubrir si hay algún otro papel que usted puede asumir con igual o mayor productividad que el que desempeña actualmente. El proceso puede llevarle a una transición, pero aun cuando no ocurra esto, el ejercicio mental aumentará su flexibilidad.

• *Rompa los esquemas*. Aceptémoslo: muchas personas no se adaptan porque les encantan las rutinas negativas. Si esta es su tendencia, escriba esta frase y póngala en algún lugar donde pueda verla todos los días: «No es por qué *no se puede* hacer sino cómo *se puede* hacer». Cada vez que enfrente un reto, busque soluciones no convencionales. Se sorprenderá de lo creativo que puede ser si trata de hacerlo con frecuencia.

ALGO PARA EL CAMINO

Uno de los más grandes líderes militares de la historia fue Napoleón Bonaparte. General a los veintiséis años, utilizó estrategias astutas, mañas y la velocidad del rayo para lograr muchas victorias. El duque de Wellington, uno de los más grandes enemigos del general, dijo: «Considero la presencia de Napoleón en el campo de batalla igual a la fuerza de cuarenta mil hombres en la balanza».

Dirigiéndose a un oponente a quien había derrotado, Napoleón dijo: «Este es el error que siempre cometen: preparan sus planes el día antes de salir al campo de batalla cuando todavía no conocen los movimientos del adversario». Napoleón reconocía en su oponente derrotado una debilidad que él no tenía: falta de adaptabilidad. Si usted está dispuesto a cambiar y a adaptarse por el bien de su equipo, siempre tendrá la posibilidad de triunfar.

C O L A B O R A D O R

T R A B A J A R   J U N T O S   P R E C E D E   A
T R I U N F A R   J U N T O S

Toda su fuerza está en la unión, todos sus peligros están en la discordia.

—Henry Wadsworth Longfellow

Colaboración es multiplicación

—John C. Maxwell

MOVIMIENTO SUBTERRÁNEO

Lo llamaron el Gran Escape. No fue grande porque no hubiese ocurrido antes. Anteriormente prisioneros de guerra habían escapado de campos enemigos. No se le llamó grande por sus resultados: los resultados fueron catastróficos para la mayoría de los que escaparon. Fue grande porque el grado de dificultad de la empresa rayaba en lo imposible.

Stalag Luft III, un campo nazi de prisioneros unas 160 kilómetros al sudeste de Berlín era un inmenso complejo donde en algún momento hubo unos 10.000 prisioneros de guerra aliados. En 1944 había en ese campo un grupo de soldados decididos a escapar. Su meta era facilitar la huida de casi 250 hombres en una noche, algo que requeriría la mayor cooperación de todos los prisioneros. Nunca se había intentado un escape tan atrevido.

Sacar hombres de un campamento de guerra alemán era una tarea extremadamente compleja. Por supuesto que existía el reto de cavar a escondidas los túneles por donde escapar. Juntos, los prisioneros diseñaron los túneles, los cavaron, los camuflaron con pedazos de madera sacados de sus camas e hicieron desaparecer la tierra en forma admirablemente original. Hicieron llegar aire a los túneles con fuelles hechos por ellos mismos. Crearon pequeñas tarimas de transporte para moverse a través de los túneles. Incluso iluminaron con luz eléctrica los estrechos pasajes. La lista de artículos necesarios para el trabajo era increíble: 4.000 pedazos de tablillas de las camas, 1.370 tablas de otras características, 1.699 frazadas, 52 tablas largas, 1.219 cuchillos, 30 palas, 183 metros de cordel, 305 metros de alambre eléctrico, y otros más.[1] Se necesitó un ejército de prisioneros para encontrar y sustraer los materiales requeridos para fabricar los túneles.

A pesar de lo difícil que fue cavar los túneles, decidir la forma de escapar fue sólo una parte del plan global. Cada hombre que quería escapar necesitaba una gran cantidad de artículos y todo un equipo: ropa de civil, papeles alemanes, tarjeta de identificación, mapas, brújula hechas a mano, raciones de emergencia y otras cosas. Muchos prisioneros continuamente recogían cualquier cosa que pudiera ser útil al equipo. Otros trabajaron sistemáticamente y sin descanso sobornando a los guardias y practicando un intenso mercado negro con ellos.

Cada persona tenía un trabajo específico que hacer. Había herreros, ladronzuelos y falsificadores que trabajaban secretamente mes tras mes. Se crearon equipos que se especializaban en tareas de distracción y camuflaje, manteniendo a los soldados alemanes ajenos a lo que ocurría.

Quizás el trabajo más difícil era el de «seguridad». Como los alemanes empleaban muchos guardias especializados en detectar intentos de fuga (llamados hurones por los prisioneros) los equipos de seguridad llevaban un registro de cada movimiento de cada guardia que trabajaba dentro del complejo. Y usaban un elaborado, aunque rústico, sistema de señales para advertir a otros hombres de la seguridad, de la vigilancia y miembros de los equipos de trabajadores cuando un guardia parecía amenazar sus esfuerzos.

La noche del 24 de marzo de 1944, después de más de un año de trabajo, 220 hombres se prepararon para arrastrarse por los túneles y salir a un bosque fuera del campo de prisioneros. El plan era que los hombres salieran a razón de uno por minuto hasta que todos hubieran escapado. Los prisioneros que hablaban alemán abordarían trenes y se harían pasar por trabajadores extranjeros. El resto permanecería oculto durante el día y viajaría durante la noche tratando de evitar encontrarse con las patrullas alemanas.

Sin embargo, cuando el primer prisionero terminó la travesía por el túnel, descubrió que la salida se había quedado un poco corta. En lugar de salir un hombre por minuto, apenas pudieron sacar una docena por hora. En total, ochenta y seis hombres escaparon antes que se descubriera el túnel. Aquello fue el caos para los nazis. Ordenaron una alerta nacional para enfrentar la situación. Capturaron a ochenta y tres de los ochenta y seis prisioneros y Adolfo Hitler ordenó la ejecución de cuarenta y uno de ellos. Sólo tres alcanzaron la libertad.

John Sturges, el hombre que en 1963 dirigió la película *El Gran Escape* basado en este hecho real, dijo sobre el esfuerzo de los prisioneros: «Esto exigió la dedicación y vigilancia de más de 600 hombres, cada uno de ellos, cada minuto, cada hora, cada día y cada noche durante más de un año. Nunca antes la capacidad humana se probó en esta extensión y hasta un punto tan increíble ni demostró tal determinación y valentía».[2]

UN POCO MÁS DE SUSTANCIA

Los grandes desafíos demandan un gran trabajo de equipo y la cualidad que más se necesita entre los compañeros de equipo en medio de la presión de un reto difícil es la colaboración. Note que no dije «cooperación» porque la colaboración es más que eso. Cooperación es trabajar juntos placenteramente. Colaboración es trabajar juntos agresivamente. Los miembros colaboradores de un equipo hacen más que simplemente trabajar unos con otros. Cada persona trae algo a la mesa que añade valor a la relación y sinergia al equipo. La suma de un trabajo de equipo hecho realmente en colaboración es siempre mayor que sus partes.

Convertirse en un jugador que colabore con el equipo se requiere un cambio de enfoque en cuatro áreas:

1. Percepción: Vea a sus compañeros como colaboradores, no como competidores

Fíjese en cualquier equipo y podrá ver el potencial para la competencia. Los hermanos se pelean por conseguir la atención paterna. Los trabajadores compiten por aumentos de sueldo y ascensos. Los jugadores se esfuerzan por comenzar el juego y no quedarse en la banca. Porque todos tienen esperanzas, metas y sueños que quieren alcanzar. Pero para los miembros que colaboran, ayudarse unos a otros es más importante que competir unos contra otros. Se conciben como una unidad trabajando juntos y no permiten que la competencia entre ellos dañe al equipo entero.

> **Para los miembros que colaboran, ayudarse unos a otros es más importante que competir unos contra otros.**

2. Actitud: Apoye a sus compañeros en lugar de sospechar de ellos

Hay personas que se preocupan tanto por sus intereses que sospechan de todo el mundo, incluyendo sus compañeros de equipo. Pero adoptar la actitud de completar la tarea y no competir con sus compañeros es posible sólo si deja de sospechar de los demás y se transforma en alguien que apoye.

Es cuestión de actitud. Esto significa asumir que los motivos de las demás personas son buenos mientras no se pruebe lo contrario. Si usted confía en la gente, los va a tratar mejor. Y si los trata mejor, ambos estarán en mejores condiciones de crear una relación de colaboración.

3. Enfoque: *Concéntrese en el equipo, no en usted*

Como parte de un equipo, por lo general hará una de dos preguntas cuando ocurra algo: «¿Cómo me beneficia esto?» o «¿Cómo beneficia esto a mi equipo?» Donde ponga su atención dirá mucho sobre si compite con otros o los complementa. El escritor Cavett Roberts lo dice de esta manera: «El verdadero progreso en cualquier campo es una carrera de relevo y no una carrera individual».

> **El verdadero progreso en cualquier campo es una carrera de relevo y no una carrera individual.**
>
> **—Cavett Roberts**

Si se enfoca en el equipo y no sólo en usted, podrá pasar el batón cuando sea necesario en lugar de tratar de completar la carrera solo.

4. Resultados: *Cree la victoria a través de la multiplicación*

Cuando trabaja junto a sus compañeros de equipo puede hacer cosas muy importantes. Si trabaja solo, se le quedan muchas victorias sobre la mesa. La colaboración tiene un efecto multiplicador en todo lo que hace porque libera y perfecciona no sólo sus habilidades sino las de los miembros de su equipo.

ALGO PARA PENSAR

¿Es usted una persona colaboradora? Quizás no esté trabajando *contra* el equipo, pero eso no significa necesariamente que esté trabajando *para él*. ¿Aporta colaboración y añade valor a sus compañeros de equipo aun cuando sean personas que no le simpatizan totalmente? ¿Ayuda a multiplicar los esfuerzos de los demás? ¿O el equipo se hace lento y menos eficaz cuando usted participa? Si no está seguro de las respuestas, hable con sus compañeros de equipo.

Algo para hacer

Para convertirse en un jugador de equipo que sea colaborador...

- *Piense en ganar, ganar y ganar.* El rey Salomón, del antiguo Israel, dijo: «Hierro con hierro se aguza; y así el hombre aguza el rostro de su amigo».[3] Por lo general, cuando colabora con otros, usted gana, ellos ganan y el equipo gana. Busque a alguien en el equipo con una función similar a quien haya visto antes como un competidor. Piense en las formas en que pueden compartir información y trabajar juntos para beneficio de ambos y del equipo.

- *Complemente a otros.* Otra forma de colaborar es encontrar a alguien que sea fuerte en las áreas en que usted es débil y viceversa. Busque a otros en el equipo con habilidades complementarias y trabajen juntos.

- *Sálgase del panorama.* Hágase el hábito de preguntarse qué es lo mejor para el equipo. Por ejemplo, la próxima vez que esté en una reunión para resolver problemas, y todos estén aportando ideas, en lugar

> **Por lo general, cuando colabora con otros, usted gana, ellos ganan y el equipo gana.**

de promoverse, pregúntese cómo funcionaría el equipo si usted no estuviera involucrado en la solución. Si conviene, proponga ideas que promuevan e involucren a otras personas.

Algo para el camino

En cierta ocasión unos niños paseaban por el bosque cuando descubrieron una línea de ferrocarril abandonada. Uno de los niños saltó a uno de los rieles y trató de caminar por él. Después de unos cuantos pasos, perdió el equilibrio. Otro trató de hacer lo mismo, y también se cayó. Los demás se rieron.

«Apuesto a que ustedes tampoco pueden», le dijo a los demás uno de los que había hecho el intento. Uno por uno los demás niños lo intentaron pero todos fallaron. Hasta el mejor deportista del grupo no pudo dar más de una docena de pasos antes de caer fuera del riel.

Entonces dos niños comenzaron a hablarse al oído y uno de ellos lanzó el siguiente desafío: «Yo puedo caminar todo lo que quiera por el riel, y él también», les dijo, señalando a su compañerito.«No, tú no puedes», le dijeron los demás.

«¡Apuesto un dulce a cada uno que sí puedo!», les respondió. Los demás aceptaron.

Entonces los niños subieron cada uno a un riel, extendieron un brazo, se tomaron fuertemente de las manos y empezaron a caminar por toda la vía.

Como individuos no hubieran podido hacerlo, pero trabajando juntos no les fue difícil alcanzar la victoria. El poder de la colaboración es la multiplicación.

Comprometido

No existen campeones indiferentes

En el momento en que uno se compromete
definitivamente, entonces la Providencia también
comienza a moverse. Ocurre todo tipo de cosas
para ayudar que de otra manera
jamás hubieran ocurrido.
Toda una cadena de acontecimientos surge
de la decisión, trayendo toda clase de incidentes
inesperados, encuentros y asistencia material que
nadie habría podido soñar que ocurrirían.

—William H. Murray

La gente común comprometida puede hacer
un impacto extraordinario en su mundo.

—John C. Maxwell

MIEMBRO DEL EQUIPO
DE LA HUMANIDAD

En 1939, un joven de veinticinco años de edad llamado Jonas Salk completó su entrenamiento en la Escuela de Medicina de la Universidad de Nueva York. Desde niño soñaba con ser abogado pero de alguna manera, entre su graduación de la secundaria y su entrada a la universidad, su interés cambió de las leyes de la tierra a las leyes de la naturaleza. De modo que decidió ser doctor. Quizás el cambio se debió a que su madre lo había desanimado sobre la carrera de abogado. Años más tarde comentó: «Mi madre creía que no sería un buen abogado, probablemente porque nunca le pude ganar en una discusión».[1] Sus padres, trabajadores inmigrantes, se sentían orgullosos cuando se graduó como médico pues él era la primera persona en la familia en recibir una educación.

Pero aunque escogió ser doctor, la verdadera pasión de Salk era la investigación. Lo intrigaban las afirmaciones científicas contradictorias que hacían dos profesores, lo que lo impulsó a estudiar inmunología, incluyendo la investigación sobre la influenza. Durante su segundo año en la escuela de medicina, cuando se le presentó la oportunidad de pasar un año completo haciendo investigación y enseñando, no la desaprovechó. «Al final de ese año», recuerda, «me dijeron que podía, si quería, buscar un grado en bioquímica, pero preferí quedarme en medicina. Creo que todo esto estaba ligado a mi ambición original, o deseo, que era servir en algo a la humanidad, por así decirlo, en un sentido más amplio que de uno a uno».[2]

En 1947, Salk se convirtió en director del Laboratorio de Investigación de Virus en la Universidad de Pittsburg. Fue allí donde comenzó a investigar el virus de la polio. En aquellos días, la polio era una terrible enfermedad capaz de incapacitar a quien la padecía y que cobraba miles de vida cada año, siendo los niños las víctimas más frecuentes. La epidemia de polio durante el verano de 1916 en Nueva York dejó 27.000 personas paralizadas mientras que otras 9.000 fallecieron. Después de ese año, la epidemia se hizo algo tan común que cada verano miles de personas escapaban de las grandes ciudades para tratar de proteger a sus hijos.

En la primera mitad del siglo XX, la investigación viral todavía se encontraba en pañales. Pero en 1948, un equipo de científicos de la Universidad de Harvard descubrió la manera de producir en el laboratorio grandes cantidades de virus, lo que permitió que la investigación se hiciera más amplia. Sobre la base de aquellos hallazgos científicos y otros trabajos de vanguardia, Salk empezó a desarrollar una vacuna contra la polio.

Después de más de cuatro años de continuo trabajo, Salk y su equipo de la Universidad de Pittsburg lograron desarrollar una vacuna en el 1952. Hicieron algunas pruebas preliminares con personas que habían contraído la polio y habían sobrevivido. Pero la verdadera prueba sería inyectar la vacuna, que contenía células inactivas de polio, en personas que no habían contraído la enfermedad.

Durante sus años de estudio, preparación e investigación, Salk había mostrado su dedicación ayudando a los demás. Sin embargo, una cosa es creer en algo que uno está haciendo y otra es comprometerse completamente con ese algo. En el verano de 1952, Jonas Salk inoculó con su vacuna a voluntarios saludables. Incluidos en ese grupo estaban él, su esposa y sus tres hijos. ¡Eso es compromiso!

El compromiso de Salk dio resultado. Las pruebas de la vacuna fueron exitosas y en 1955, él y su ex mentor, el Dr. Thomas Francis, hicieron arreglos para vacunar a cuatro millones de niños. En 1955 se habían reportado 28.985 casos de polio en los Estados Unidos. En 1956, ese número bajó a la mitad. En 1957 se registraron únicamente 5.894 casos. Hoy día en los Estados Unidos, gracias al trabajo de Jonas Salk y los subsecuentes esfuerzos de otros científicos como Albert Sabin, prácticamente no existen casos de polio.

Jonás Salk dedicó ocho años de su vida a derrotar el polio. Pero su verdadero deseo era ayudar a la gente, lo que demostró más aun al decidirse no patentar la vacuna que había creado. De esa manera, podría usarse para ayudar a la gente en todo el mundo. Podría decirse que el equipo con el que estuvo más comprometido fue con el de la humanidad.

UN POCO MÁS DE SUSTANCIA

Muchos tienden a asociar el compromiso con sus emociones. Si les parece que lo que hacen está saliendo bien, entonces el próximo paso es el compromiso. Pero el verdadero compromiso no trabaja así. No es cuestión de emociones; es una cualidad del carácter que nos capacita para alcanzar nuestras metas. Las emociones humanas suben y bajan todo el tiempo pero el compromiso tiene que ser roca sólida. Si quiere tener un equipo sólido —se trate de negocios, club social, matrimonio o una organización voluntaria— deberá tener jugadores de equipo que estén firmemente comprometidos con el equipo.

Hay varias cosas que cada miembro del equipo debe conocer sobre esto de comprometerse:

1. Por lo general, el compromiso se descubre en medio de la adversidad

Las personas realmente no saben si están comprometidas con algo hasta que no enfrentan la adversidad. Las luchas fortalecen la determinación. La adversidad genera compromiso y el compromiso genera trabajo duro. Y mientras más usted trabaja en algo, menos posibilidades hay que se dé por vencido. Vince Lombardi, entrenador de fútbol americano y miembro del

> **Mientras más duro trabaja una persona más difícil es que se rinda.**
> —Vince Lombardi

Salón de la Fama, dijo: «Mientras más duro trabaja una persona más difícil es que se rinda».

Las personas comprometidas no se rinden fácilmente.

2. El compromiso no depende de los dones o habilidades

Algunas veces, cuando nos enteramos que personas con talento son muy exitosas, nos sentimos tentados a pensar que para ellos el compromiso es más fácil gracias a sus talentos. Parece como si para los atletas de primer nivel fuera más fácil practicar, a los artistas famosos se les hiciera menos complicado refinar sus destrezas o a los comerciantes naturales les fuera menos difícil hacer negocios. Pero esto no es cierto. El compromiso y los talentos están desconectados, a menos que usted los conecte.

¿No conoce a personas muy talentosas que han derrochado su potencial porque nunca *hicieron* nada? ¿Y no conoce a personas menos talentosas que usted pero que han tenido más éxito? A menudo esto se debe, precisamente, al compromiso. El escritor Basil Walsh dijo: «No necesitamos más fuerza o más habilidad o mejores oportunidades. Lo que necesitamos es usar lo que tenemos». Si nos comprometemos a usar el talento que tenemos, descubriremos que tenemos más talento (y más que ofrecer a nuestro equipo) como resultado de nuestro compromiso.

3. El compromiso viene como resultado de una decisión, no de las condiciones

Cuando llega el momento de actuar, el compromiso es siempre asunto de decisión. En *Choices* [Alternativas], Frederic F. Flach escribe:

> La mayoría de la gente suele mirar hacia atrás e identificar el momento y lugar en el que sus vidas cambiaron significativamente. Haya sido por accidente o por designio, esos son los momentos cuando, gracias a la disposición dentro de nosotros y a la colaboración de lo que ocurre a nuestro alrededor, nos vemos obligados a reevaluarnos, a valorar las condiciones en las que vivimos y a tomar ciertas decisiones que afectarán el resto de nuestras vidas.[3]

Demasiadas personas creen que las condiciones determinan las decisiones. Con más frecuencia las decisiones determinan las condiciones. Cuando usted decide comprometerse se está dando la oportunidad de alcanzar el éxito.

4. El compromiso perdura cuando los valores lo sustentan

> Cada vez que usted toma decisiones basándose en sus valores está en mejores condiciones de mantener su nivel de compromiso.

Una cosa es hacer un compromiso en un momento. Otra es mantenerlo. ¿Cómo mantiene su compromiso? La respuesta se encuentra en la base de sus compromisos. Cada vez que usted toma decisiones basándose en sus valores está en mejores condiciones de mantener su nivel de compromiso porque no tiene que estar reevaluando continuamente su importancia. Es como resolver el asunto antes de someterlo a prueba. Un compromiso con algo en lo que usted cree es un compromiso que será más fácil mantenerlo.

¿Cuán importante es el compromiso para usted? ¿Es usted una de esas personas que valora la lealtad y seguir con algo hasta terminarlo? ¿Acostumbra pararse firme cuando las cosas van mal? ¿O tiende a comprometerse y luego quitarse? Más específicamente, ¿cuán comprometido está usted con su equipo? ¿Es su respaldo sólido? ¿Es su dedicación innegable? ¿O es cauteloso en cuanto a su nivel de compromiso? Si se descubre reevaluando su intención de permanecer con el equipo cada vez que usted y sus compañeros enfrentan problemas entonces necesita comprometerse más de lo que lo está.

Para mejorar su nivel de compromiso...

• *Una sus compromisos a sus valores*. Como sus virtudes y su habilidad para cumplir sus compromisos están estrechamente relacionados, tómese un tiempo para reflexionar. Primero, haga una lista de sus compromisos personales y de sus compromisos profesionales. Luego trate de articular sus valores fundamentales. (Esto le tomará algún tiempo, especialmente si no lo ha hecho nunca antes, de modo que hágalo sin tardanza.) Una vez que tenga ambas listas, compárelas. Probablemente encontrará que tiene compromisos no relacionados con sus valores. Reevalúelos. También encontrará que tiene valores que no está viviendo. Comprométase a ellos.

- *Arriésguese.* Comprometerse implica riesgos. Usted puede fallar. Sus compañeros pueden desanimarlo. Es posible que descubra que alcanzar sus metas no le proporcionó los resultados deseados. Pero de todas maneras, corra el riesgo y comprométase. George Halas, antiguo dueño de los *Chicago Bears*, dijo: «Nadie que dé lo mejor de sí va a lamentar haberlo hecho».

- *Evalúe el compromiso de sus compañeros de equipo.* Si encuentra difícil comprometerse en algunas relaciones y no puede encontrar una razón para esto en usted, piense en esto: No se puede hacer un compromiso con personas no comprometidas y esperar recibir de ellos un compromiso. Examine la relación para ver si está receloso porque el receptor potencial no es digno de confianza.

> **Nadie que dé lo mejor de sí va a lamentar haberlo hecho.**
> **—George Halas**

ALGO PARA EL CAMINO

¿Cómo define usted un verdadero compromiso? Permítame decirle cómo lo definió Hernán Cortés. En 1519, con el apoyo del gobernador Velásquez, de Cuba, Cortés navegó desde

Cuba hacia México con el fin de lograr riquezas para España y fama para él. Aunque sólo tenía treinta y cuatro años, el joven capitán español había preparado su vida entera para esto.

Pero los soldados a sus órdenes no tenían el mismo compromiso. Después de tocar tierra, oyó que sus marineros se querían amotinar y regresar a Cuba con las naves. ¿Cuál fue su decisión? Quemó las naves. ¿Hasta dónde está comprometido usted con su equipo? Lo está totalmente, o ¿está listo para dar un paso atrás cuando las cosas empiecen a ponerse difíciles? Si es así, quizás necesite quemar una nave, o dos. Recuerde, no hay tal cosa como campeones indiferentes.

COMUNICATIVO

UN EQUIPO ES MUCHAS VOCES
CON UN SÓLO CORAZÓN

Si usted no tiene mucha elocuencia al hablar y escribir, no será nadie; pero tendrá la mortificación diaria de ver personas que no tienen ni una décima parte de sus méritos o conocimientos que se le adelantan.

—Lord Chesterford

Piense como una persona sabia pero comuníquese en el lenguaje del pueblo.

—William Butler Yeats

El equipo que salvó a una ciudad

Hace unos años, el guionista de cine Gregory Allen Howard se mudó de Los Ángeles a Alejandría, Virginia. Este estado no le era extraño pues había pasado algunos años de su niñez en Norfolk, pero le agradó particularmente Alejandría. Esta ciudad tenía el atractivo histórico de ser la ciudad de Jorge Washington pero lo que realmente impresionó a Howard, un afroamericano, fue que blancos y negros vivían y trabajaban muy unidos, a diferencia de muchas otras partes del sur del país.

Un día, después de haberse instalado, Howard fue a una barbería y escuchó a unos parroquianos hablando del equipo de fútbol de una escuela de secundaria y de lo estupendo que era. Hablaban de los jugadores y lo comprometido que estaban con el equipo. Después de un rato, Howard preguntó dónde tendrían su próximo juego pues quería ir a verlos jugar. Y así se enteró que el equipo del que los hombres hablaban tantas maravillas ¡era de 1971!

Howard no podía creerlo. Después de casi tres décadas, ese equipo en particular era tan importante para la gente del pueblo como si todavía estuviera jugando. Howard se puso a pensar; luego, empezó a investigar. Mientras más información encontraba, más intrigado estaba. Decidió escribir un guión sobre los verdaderos acontecimientos en torno de ese equipo y de ese guión surgió la película *Remember the Titans* [Recuerdos de los Titanes].

Si ha visto la película, probablemente recuerde que fue por ese tiempo que varias comunidades en los Estados Unidos estaban en el proceso de terminar con la segregación. En 1971, el pueblo de Alejandría dio pasos concretos hacia la igualdad racial cuando combinó la población estudiantil de tres escuelas secundarias —dos blancas y una negra— en una sola escuela integrada llamada T.C. Williams.

Eran tiempos difíciles y la gente de ambas comunidades raciales estaban preocupadas por lo que podría ocurrir al forzar esa interacción. Los primeros en unirse fueron los jugadores de los equipos de fútbol de negros y blancos que por primera vez jugaron juntos. Para contribuir a la tensión, fue nombrado el entrenador negro Herman Boone para dirigir el equipo de fútbol de la escuela Williams, en lugar de Bill Yoast, un entrenador blanco y muy popular en la comunidad.

Boone hizo todo lo que pudo por unir a los miembros del equipo. Forzó a negros y blancos a ir en los mismos autobuses al campo de entrenamiento. También los puso juntos en los dormitorios; pero más difícil fue hacerlos jugar como un equipo. Los muchachos tendían a separarse por raza, todos menos un jugador blanco. En un momento crucial de la película, el entrenador Boone pregunta al jugador blanco algunas cosas relacionadas con sus compañeros afroamericanos. El muchacho no tiene problemas para contestar las preguntas. En ese momento, el entrenador dice a sus muchachos que mientras cada uno no sepa lo más que pueda de los demás miembros del equipo no podrán soportar el ritmo de prácticas tres veces al día. No fue fácil, ni ocurrió de la noche a la mañana, pero el equipo empezó a unirse.

Años después, cuando le preguntaron en una entrevista cómo había conseguido que el equipo se uniera, Herman Boone contestó: «Los triunfos lo hicieron. Los triunfos lo resuelven todo... También la comunicación. Lograr que hablaran entre ellos. Forzamos a los muchachos a que pasaran tiempo juntos para descubrir cosas nuevas en el otro. Cada jugador tuvo que pasar tiempo con sus compañeros de raza diferente».[1]

Esto fue lo que transformó a los Titanes. Y el equipo ganó. Ganó todos los juegos de la temporada regular, la final y el campeonato del estado. Cuando finalizó el campeonato, los Titanes de 1971 quedaron como el segundo equipo mejor de la nación. Pero más importante que sus triunfos en el campo fue el impacto que hicieron fuera de él. Refiriéndose a los Titanes, el presidente de los Estados Unidos que vivía a menos de diez millas al otro lado del río Potomac, dijo simplemente: «El equipo salvó a la ciudad de Alejandría».[2]

Boone estuvo de acuerdo. Y añadió:

El pueblo decidió seguir al equipo a pesar de los que querían destruirlo y con ellos a la ciudad. Creo que el equipo jugó un papel importante en mantener a la ciudad en calma, enfocada y positiva hacia estos muchachos que demostraron que es posible ir lejos si sólo se hablan los unos a los otros. Fue un mensaje poderoso que transmitieron a las generaciones y que seguirá pasando a las que vengan… En los días cuando la ciudad estaba lista para autoconsumirse, estos muchachos dieron un paso al frente y cambiaron las actitudes entre ellos y en la comunidad.[3]

Y esta es la razón por qué, hasta hoy día, la gente de Alejandría sigue recordando —y hablando— de los Titanes.

UN POCO MÁS DE SUSTANCIA

Para decirlo sin rodeos, usted no puede tener un equipo de trabajo a menos que mantenga la comunicación con los miembros del equipo. Sin comunicación, no tiene un equipo; tiene una colección de individuos.

Si evalúa a un buen equipo, descubrirá que sus jugadores tienen en común las mismas características. Los jugadores comunicativos...

1. No se aíslan de los demás

El problema clave que tuvo que resolver Herman Boone en su recién formado equipo fue la tendencia al aislamiento. Los jugadores de una raza se aislaban de los jugadores de la otra. Cada vez que un jugador se aísla, es un problema para el equipo. Si el aislamiento es en secciones completas, el problema es mucho mayor. Mientras más los compañeros se conocen unos a los otros, y conocen las metas y los métodos del equipo, más entendimiento habrá entre ellos. Y mientras más entendimiento haya, más cuidadosos serán. Un jugador con pasión, así como con información y conexión, es una poderosa ventaja para el equipo.

2. Facilitan la comunicación de los compañeros de equipo con ellos

La mayoría de los problemas de comunicación pueden resolverse con proximidad. Por eso fue que Herman Boone la usó para derretir los problemas del equipo. Poner jugadores de diferentes razas en un mismo autobús y forzarlos a usar los mismos cuartos creó las condiciones para que la comunicación fuera más fácil de lograr. Si observa a un buen líder y a jugadores de impacto sobre el equipo, verá que no sólo permanecen conectados con sus compañeros sino que

> **La mayoría de los problemas de comunicación pueden resolverse con proximidad.**

también se preocupan que la comunicación de sus compañeros con ellos sea fácil.

3. Siguen la regla de las veinticuatro horas

Cuando alguna gente enfrenta conflictos o dificultades interpersonales, evitan encontrarse con la persona con la que tienen el problema. Pero regularmente el tiempo solo no resuelve estas situaciones. Sin conocer los dos lados de la historia, la gente tiende a concederse el beneficio de la duda y a asignar motivos y acciones negativas a los demás. Sin comunicación, la situación tiende a empeorar.

Por eso es que los miembros de un equipo necesitan seguir la regla de las veinticuatro horas. Si usted tiene cualquier dificultad o conflicto con un compañero de equipo, no deje pasar más de veinticuatro horas antes de enfrentar la situación. De hecho, mientras más pronto lo haga, mejor será para todos en el equipo.

4. Prestan atención a las relaciones potencialmente difíciles

Las relaciones necesitan atención para desarrollarse. Esto es especialmente cierto en las relaciones entre personas que tienen el potencial de conflicto. Una de las relaciones más volátiles en el equipo de los Titanes fue la que existió entre el defensa medio Gerry Bertier de la raza blanca y el defensa extremo Julius Campbell de la raza negra. Los dos comenzaron odiándose y peleándose constantemente. Pero durante la temporada, se convirtieron en buenos amigos. Cuando Bertier quedó paralizado por un accidente de auto y tuvo que ser hospitalizado, la primera persona que se interesó por él fue Julius. Es posible que su amistad se haya desarrollado lentamente, pero creció fuerte. Es verdad lo que dijo Aristóteles: «La amistad es un fruto que se cosecha con paciencia».

5. Mantienen por escrito las comunicaciones importantes

Mientras más difícil se hace la comunicación, más importante es que sea lo más clara y sencilla. A menudo eso requiere que las cosas se pongan por escrito. No es accidente que la mayoría de los matrimonios hagan votos, los equipos deportivos tengan reglamentos y los socios hagan contratos. Cuando la comunicación con sus compañeros sea importante, verá que será fácil mantener a todos en la misma página si lo escribe para beneficio de todos.

> **La comunicación franca genera confianza.**

¿Cómo actúa usted cuando de comunicarse se trata? ¿Está bien conectado a todos sus compañeros? ¿Ha descuidado o excluido a algunas personas de su círculo de comunicación? ¿O se ha aislado de otros tratando de ser más productivo? (Posiblemente de esa manera ha logrado más metas, pero ha afectado la productividad del equipo.) ¿Y cómo está su accesibilidad? ¿Pueden los miembros de su equipo acercarse a usted, o les hace difícil seguir la regla de las veinticuatro horas? Cada vez que está en un equipo pero no se comunica con los integrantes, el equipo sufre.

Para mejorar su comunicación...

* *Sea franco.* La comunicación franca genera confianza. Si tiene agendas ocultas, se comunica con los demás

vía terceras personas y endulza las malas noticias, se afectan las relaciones en el equipo. Piense en la pobre relación que tiene con alguien en su equipo. Si no ha sido franco con esa persona, decida entonces cambiar de actitud. Propóngase hablar franca pero amablemente con sus compañeros.

• *Sea rápido*. Si usted acostumbra guardarse las cosas en lugar de decirlas, propóngase cumplir con la regla de las veinticuatro horas. Cuando descubra algo irregular en relación con sus compañeros, use la primera oportunidad razonable para tocar el punto. Invite a los demás a hacer lo mismo con usted.

• *Sea inclusivo*. Algunas personas tienden a retener información y no la comparten a menos que los obliguen a hacerlo. No haga esto. Si *puede* incluir a otros, hágalo. Por supuesto, se requiere que sea discreto con información delicada pero recuerde esto: la gente se interesa en aquello en lo que está involucrada. La comunicación franca aumenta la confianza, la confianza aumenta el sentido de pertenencia y el sentido de pertenencia favorece la participación.

> **La gente se interesa en aquello en lo que está involucrada.**

ALGO PARA EL CAMINO

Una historia llamada *The Lion and the Three Bulls* [El león y los tres toros], del escritor de fábulas griego Esopo, nos ayuda a entender cuán importante es para los compañeros de un equipo la comunicación. Tres toros vivieron juntos en un pastizal por un largo tiempo. Aunque comían y vivían uno al lado del otro, nunca se hablaban. Un día llegó un león y se puso a observarlos. Estaba hambriento pero sabía que no podría atacar a los tres de una vez porque juntos lo vencerían y matarían. Así que se acercó a los toros uno por uno. Como los otros no sabían lo que estaba pasando con el otro, no se dieron cuenta que el león estaba tratando de separarlos. El león, que era astuto, tuvo éxito en dividirlos y al aislarlos pudo atacarlos individualmente. Así derrotó a los tres y sació su hambre.

Esopo concluye la historia diciendo: «En la unión está la fuerza». Pero no puede haber unión si no hay buena comunicación.

Competente

Si usted no puede, su equipo tampoco podrá

La calidad de la vida de una persona está en
directa proporción con su compromiso a la
excelencia sin importar el campo de su misión.

—Vince Lombardi

La gente olvida cuán rápido hizo un trabajo,
pero recuerda lo bien que lo hizo.

—Howard W. Newton

UN MAGO EN ARMAR Y DESARMAR

Cuando era el pastor principal de la Iglesia Skyline en California, me hice muy amigo de un hombre maravilloso de mi congregación, de nombre Bob Taylor. Con el tiempo, Bob se convirtió en el vice presidente de la junta de la iglesia. A Bob siempre le gustó armar y desarmar. Cuando era niño y recibía un regalo en la mañana del día de Navidad, era casi seguro que antes que cayera la noche lo hubiera desarmado para ver cómo funcionaba. Y casi siempre, lo volvía a armar y seguía funcionando. Era un genio para estas cosas.

Una vez, su mamá estaba hablando por teléfono, él y unos amiguitos estaban brincando en la cama cuando de pronto oyeron un ruido como si algo se hubiera roto. Efectivamente, el marco de la cama se había quebrado y yacía en el piso. Antes que su mamá terminara de hablar por teléfono, él había estudiado el problema y lo había reparado de tal modo que parecía como si nunca se hubiera roto.

Como era natural, cuando llegó a la escuela intermedia y secundaria tomó todos los cursos que pudo en artes industriales. «Tuve algunos estupendos profesores», recuerda. «Incluso había uno que abría el taller los fines de semana de fiesta para que pudiera trabajar en mis proyectos».

Otro de los intereses de Bob era la música. Cuando estaba en la secundaria decidió que quería tener una buena guitarra de doce cuerdas. Había empezado a tocar cuando estaba en el tercer grado después que un vecino le regaló una guitarra barata (la que por supuesto abrió para ver cómo estaba construida). El único problema era que Bob no tenía dinero para comprar el instrumento que quería. *Eso no es problema*, se dijo, *la haré yo mismo*. Y la hizo ¡cómo su proyecto de trabajo manual del grado once! De hecho, mientras estuvo en la secundaria, no hizo una guitarra, sino tres y un banjo.

Muchas personas desarrollan pasatiempos interesantes cuando están en la secundaria. Y algunos los siguen cultivando. Otros los abandonan cuando llegan a adultos. Pero Bob hizo algo realmente especial con el suyo. Es probable que si usted toca guitarra, alguna vez haya entrado a una tienda de instrumentos musicales y haya visto una guitarra marca Taylor. Sí. Ese Taylor es Bob. Bob Taylor. Cuando era adolescente empezó a fabricar guitarras en su tiempo libre y con el tiempo llegó a cofundar su propia compañía.

Kurt Listug ha sido socio de Bob por veintisiete años. Su pasión es el comercio y establecer un negocio mientras Bob provee la pasión y la habilidad técnica para fabricar guitarras. Hoy día, las Guitarras Taylor están entre las más finas del mundo y la planta las produce a un ritmo de doscientas por día.

¿Qué llevó a Bob de ser un solitario guitarrista a emplear a más de 450 personas que trabajan en una fábrica que ocupa 124.000 pies cuadrados? La respuesta la encontramos en su increíble capacidad e incansable dedicación por la excelencia.

«Soy como una "mosca en la oreja"» dice Bob. «Continuamente estoy tratando de mejorar la calidad». Y este deseo se enfoca en mucho más que sólo las guitarras. Es cierto que Bob Taylor ha introducido numerosas innovaciones en la industria de las guitarras. Pero su verdadero interés está en el proceso de manufacturación y en las personas que construyen las guitarras.

«Una buena guitarra es, en realidad, el subproducto de buenas herramientas y un buen taller», explica Bob. «Y, por supuesto, las personas son parte importante. Armar un equipo es tan importante como fabricar el producto. Hay que dejar que la gente sea un equipo. Eso significa crear un ambiente donde las personas digan lo que realmente sienten.

> **Armar un equipo es tan importante como fabricar el producto**
> —Bob Taylor

No se puede ser demasiado dogmático». Esa actitud ha permitido que surjan y se implementen excelentes ideas.

Bob comenta: «Una de las cosas que he descubierto es que la gente no quiere que otros entren al equipo. Una vez que se integran ellos, quieren mantenerlo todo tal como está. Dicen que lo hacen para proteger la calidad. Pero yo les digo: "¿No creen que es también mi preocupación? Si yo fuera así, ustedes no estarían aquí". Para seguir produciendo lo mejor, es necesario dejar que nuevas personas entren y dejen que la calidad del producto sufra un poco. Esta es una batalla constante que hay que ganar».

Es fácil hablar de dejar que la calidad sufra por un corto período cuando su competencia es tan alta y su producto tan bueno que aún en ese tiempo es mejor que la mayoría en su industria. Pero esa disposición a arriesgar e innovar sigue recibiendo por recompensa mejores guitarras. Hoy día, Bob y su equipo están trabajando en su más reciente innovación en el área de amplificación de las guitarras acústicas. «Llevamos aproximadamente un año en el proceso de diseñar un dispositivo electrónico que "levante" el sonido de la guitarra», dice Bob, «y todavía tendremos que trabajar quizás un año más. Es lo más cerca que hemos estado de un invento puro. Comenzamos por garrapatear en una hoja de papel y a preguntarnos: "¿Qué es lo que estamos buscando? Lo que sea, lo estamos creando"».

Bob continúa: «Sí. La inspiración es fácil. La parte difícil es la implementación». La implementación puede no ser fácil, pero Bob sigue alcanzando éxitos gracias a su capacidad y dedicación.

La hija de Bob, Minet, resume la habilidad de su padre diciendo: «Tiene ese maravilloso deseo de siempre hacer las cosas mejor. Si hay una manera de mejorar, él tiene una habilidad excepcional para visualizarla... Precisamente el otro día estaba

> ... la inspiración es fácil.
> La parte difícil es la
> implementación.
> —Bob Taylor

diciendo que todavía trabaja en ideas que tuvo a los 19 años... que probablemente muera antes que las intente todas».[1] Cuando usted aporta este tipo de habilidad al equipo, ¿cómo puede fallar?

UN POCO MÁS DE SUSTANCIA

Bob Taylor no es una persona deslumbrante. Habla con suavidad y si se lo encuentra en la calle probablemente no se imaginará que es el dueño de una compañía que en 1999 tuvo ventas brutas de noventa millones de dólares.[2] Pero si pasa algún tiempo con él, casi instantáneamente podrá ver su increíble capacidad.

A veces, la palabra *competencia* se usa para querer decir «apenas suficiente» Cuando hablo de la calidad de competencia que desean los miembros de un equipo, hablo en sentido de su definición más básica: «estar bien calificado, apto». Los miembros competentes de un equipo son muy capaces y altamente calificados para hacer el trabajo y para hacerlo bien.

Las personas altamente competentes tienen algunas cosas en común:

1. *Están comprometidos con la excelencia*

En *Christian Excellence,* John Johnson escribe: «El éxito basa nuestros méritos en comparación con otros. La excelencia

51

> **El éxito basa nuestros méritos en comparación con otros. La excelencia fija nuestros méritos midiéndolos contra nuestro propio potencial. El éxito concede sus recompensas a unos pocos aunque es el sueño de multitudes. La excelencia está al alcance de todos los seres humanos pero sólo unos pocos la aceptan.**
>
> **—John Johnson**

fija nuestros méritos midiéndolos contra nuestro propio potencial. El éxito concede sus recompensas a unos pocos aunque es el sueño de multitudes. La excelencia está al alcance de todos los seres humanos pero sólo unos pocos la aceptan». La razón por la que Bob Taylor dice que usted puede dejar la calidad en compás de espera mientras acepta a nuevas personas en el equipo es que sus niveles son ya tan altos que un pequeño receso no lo va a afectar mucho. Él y su gente están totalmente comprometidos con la excelencia.

2. Nunca se conforman con menos que lo mejor

La palabra *mediocre* literalmente significa: «a la mitad del camino de una montaña». Ser mediocre es hacer un trabajo a medias, quedarse a la mitad del camino de la cumbre. Las personas competentes nunca se conforman con menos que lo mejor. Concentran sus energías y esfuerzos en lo que hacen bien y dan todo lo que tienen.

3. Prestan atención a los detalles

Dale Carnegie dijo: «No tengas miedo en dar lo mejor de

---

ti en lo que parecen ser pequeños trabajos. Cada vez que conquistas uno te haces más fuerte. Si haces bien los pequeños trabajos, los grandes tienden a resolverse solos». Cuando Bob comenzó a hacer guitarras, él mismo hizo todos los pequeños trabajos. Ahora funciona más como un director de equipo y diseñador de la maquinaria para procesar y manufacturar sus productos. Pero tanto él como su gente siguen prestando atención a los detalles. Eso le ha ganado el lugar que han alcanzado en la industria: Taylor es el más grande productor de guitarras acústicas del mundo.

4. Trabajan con consistencia

Las personas altamente competentes trabajan con gran consistencia. Todo el tiempo están dando lo mejor de sí, y eso es importante. Si el 99.9 % fuera suficientemente bueno, entonces cada año se lanzarían al mercado 811.000 rollos defectuosos de película de 35 mm; en los siguientes sesenta minutos se cobrarían 22,000 cheques contra cuentas bancarias que no corresponden, y sólo en el día de hoy, se entregarían doce bebés a padres equivocados.[3]

Yo no soy músico, pero si me dicen que usted va a tocar una docena de guitarras idénticas de los más famosos fabricantes, diría que va a encontrar algunas buenas, otras regulares y otras pocas realmente malas. Pero un amigo mío, que es productor y compositor de canciones, dice que si usted toma una guitarra Taylor, nunca encontrará una sola mala en un montón. Eso es consistencia.

ALGO PARA PENSAR

Una de las cosas que Bob Taylor dice sobre su persona es que es bueno en «editarse» a sí mismo. Él hace lo que hace bien, perseverando y destilando lo mejor de sí, y deja de hacer lo que no hace bien. ¿Lo describe esto a usted? ¿Concentra su energía en lo que puede hacer bien hasta el punto de llegar a ser altamente competente en eso? ¿Pueden sus compañeros de equipo depender de usted al punto de dar todo lo que puedan y que contribuya al éxito del equipo en su conjunto? Si no, quizás necesite concentrarse mejor y desarrollar las habilidades que necesita para hacer su trabajo y hacerlo bien.

Algo para hacer

Para ser más competente...

- *Enfóquese profesionalmente*. Le será difícil ser competente si está tratando de hacerlo todo. Escoja un área en la que pueda especializarse. Bob cree que él no tendría éxito en ninguna otra cosa que no sean las Guitarras Taylor. ¿Qué es lo que une sus habilidades, sus intereses y sus oportunidades? Lo que sea, ¡tómelo!

- *Atienda los detalles*. Demasiadas personas no se esfuerzan todo lo que pueden en sus trabajos. Para hacer esto necesita desarrollar la habilidad de atender los detalles. Esto no quiere decir que tiene que obsesionarse por los detalles. Lo que significa es hacer el último diez por ciento del trabajo que está haciendo, cualquiera que sea. Intente hacerlo en el próximo proyecto o trabajo importante que tenga que realizar.

- *Preste más atención a la implementación.* Ya que la implementación es a menudo la parte más difícil de cualquier trabajo, dele toda su atención. ¿Cómo puede reducir la brecha entre las ideas y ponerlas en práctica? Reúna a su equipo y discutan cómo pueden mejorar el proceso.

ALGO PARA EL CAMINO

Cierto día, un capitán de barco y su rudo jefe de ingenieros conversaban. Empezaron a discutir sobre quién era más importante de los dos para que el barco navegara. Como la discusión se tornó acalorada, el capitán decidió que por un día cambiarían de trabajo. El jefe de ingenieros estaría en el puente de mando y el capitán en la sala de máquinas.

A sólo unas pocas horas de haber iniciado el experimento, el capitán salió de la sala de máquinas. Venía sudado y sus manos, su cara y su uniforme estaban llenos de grasa y aceite.

«Jefe», le dijo, «creo que tiene que venir a la sala de máquinas. No puedo hacer que los motores anden».

«Por supuesto que no puede», le dijo el jefe de ingenieros. «Acabo de encallar el barco».

6

CONFIABLE

LOS EQUIPOS VALORAN A LOS JUGADORES EN QUIENES PUEDEN CONFIAR

No tema a los que discuten sino a los que se escabullen.

—Wolfram Von Eschenbach

Confiabilidad es más que sólo habilidad

—John C. Maxwell

¿EN QUIÉN SE APOYA SUPERMAN?

En 1995, Christopher Reeve lo tenía todo. Estaba casado con su mejor amiga, Dana. Tenía tres hijos maravillosos. Y su familia disfrutaba de una mansión en Westchester Country, Nueva York.

Parecía que podía lograr todo lo que se propusiera. Era un consumado pianista y compositor de música clásica. Era un ávido deportista y un magnífico atleta; un marinero experto, tenía licencia de piloto, esquiaba como pocos, practicaba el buceo y montaba a caballo.

Y por supuesto, había experimentado un gran éxito en su carrera como actor. Cuando era un adolescente, decidió seguir una carrera en el mundo del espectáculo y ya a los dieciséis años tenía su propio agente. Estudió en la Universidad de Cornell, y en la Escuela de Música Julliard, aprendió su oficio y comenzó a trabajar como actor profesional.

En 1979, en la entrega de Premios Oscar de la Academia, John Wayne le dijo a Cary Grant señalando a Reeve: «Míralo. Es nuestro sucesor». Ayudado no sólo por sus cualidades como actor sino también por su atractivo físico y sus seis pies y cuatro pulgadas de alto, se transformó en una estrella. En 1995, a los cuarenta y dos años de edad, Reeve había tomado parte en diecisiete películas, incluyendo *Superman*; una docena de películas para la televisión y unos 150 dramas. Económicamente estaba seguro y había recibido el respaldo de la crítica. Pero entonces, su vida cambió dramáticamente.

El 27 de mayo de 1995, durante una competencia ecuestre, Christopher Reeve se cayó de su caballo Buck. Su cabeza chocó contra una valla que su caballo se resistió a saltar y luego cayó al suelo. Tenía rota la columna entre la primera y la segunda vértebra y su respiración cesó. Estaba paralizado del cuello hacia abajo. Si los paramédicos no hubieran llegado en minutos, no hubiera sobrevivido.

Reeve no recuerda nada de la caída. Lo último que recuerda es cuando estaba en el establo preparándose para la carrera. Lo próximo que recuerda es levantarse, varios días después, en la sala de cuidados intensivos de la Universidad de Virginia. Durante aquellos días de tanta intensidad, los médicos lo mantuvieron vivo con un respirador, lo estabilizaron y literalmente le volvieron a unir su cabeza a la columna vertebral gracias a la cirugía. El daño que Reeve sufrió a veces se le conoce como «herida del verdugo». Después Reeve bromeaba: «Fue como si me hubieran colgado, bajado y enviado a rehabilitación».[2] Tenía un cincuenta por ciento de probabilidades de sobrevivir.

Es difícil que una persona con un daño tan serio en la médula espinal sobreviva emocional y físicamente. Una herida de esta magnitud y que le deja incapacitado debe ser terriblemente devastadora. Pero en las horas que siguieron a la primera vez que despertó, comenzó a entender la verdadera importancia de un equipo.

«Cuando me dijeron cuál era mi condición, sentí como que ya no era un ser humano», recuerda. «Entonces Dana entró al cuarto y se arrodilló junto a la cama para quedar al nivel mío. Nos miramos. Entonces dije: "Quizás todo esto no valga la pena. Tal vez lo mejor es que me muera". Y llorando, ella dijo: "Pero sigues siendo tú y yo te amo". Y eso salvó mi vida».[3]

Antes del accidente, Christopher y Dana tenían un buen matrimonio. Pero a partir del accidente, han desarrollado una relación aun más firme. Chris, Dana y su hijo Will funcionan como el eje central de ese equipo, pero también han desarrollado alrededor de ellos un equipo estupendo y más grande que consiste en un ejército de profesionales de la medicina. Algunos ayudan a Chris con una terapia física rigurosa, ejercicios y terapia respiratoria. Otros lo alimentan, lo visten, lo bañan y le ayudan a atender otras necesidades personales. Alguien tiene que voltearlo cada hora durante la noche mientras duerme. Y ve regularmente a muchos especialistas.

Al principio, las personas a su alrededor sólo lo mantenían con vida. Pero ahora trabajan para mantenerlo saludable. «La pregunta que al principio me hacía: "¿Qué clase de vida es esta?" se transformó en "¿Qué clase de vida puedo construir?" Y, sorprendentemente, la respuesta es: "Más de lo que imagino"».[4]

Reeve espera volver a caminar un día. Mientras tanto, entiende su necesidad de depender de las personas que forman su equipo. Sobre esto comenta: «Si todas las personas que están a mi alrededor para ayudarme fueran impacientes conmigo, tuvieran mal carácter y decidieran irse, no podría hacer nada. Absolutamente nada… Todo se reduce a la buena voluntad. Nadie tiene que hacer ninguna de estas cosas. Yo dependo completamente de ellos».[5] Así ocurre con cada equipo, aunque no lo veamos tan claro como Reeve. Los compañeros de un equipo deben tener la seguridad de poder depender los unos de los otros.

Un poco más de sustancia

Quizás la confiabilidad no siempre se trate de asuntos de vida o muerte, como en el caso de Christopher Reeve, pero sí es muy importante en el éxito del equipo. Usted sabe cuando tiene personas en su equipo en las que no puede confiar.

Todos lo saben. De igual manera, sabe también en quienes sí se *puede* confiar y depender.

Permítame explicarle lo que considero es la esencia de la confiabilidad:

1. *Motivos puros*

Aristóteles creía que «todo lo que hacemos, lo hacemos con un ojo puesto en otra cosa». Evidentemente él creía que no se puede confiar en los motivos de nadie. No estoy de acuerdo con esto. En la mayoría de los casos le doy a las personas el beneficio de la duda. Trato de mantener mis motivos correctos y animo a mis compañeros a hacer lo mismo. Sin embargo, si alguien en el equipo está constantemente poniéndose él y su agenda antes que lo que es mejor para el equipo, estará demostrando que no es una persona confiable. Cuando se trata del trabajo en equipo, los motivos importan.

2. *Responsabilidad*

Otra cualidad de un miembro confiable de un equipo es un fuerte sentido de responsabilidad. Michael Korda, exitoso escritor y ex editor del *New York Times* dijo: «En última instancia, la única cualidad que todas las personas de éxito tienen es... la habilidad para asumir su responsabilidad».

> **En última instancia, la única cualidad que todas las personas de éxito tienen es... la habilidad para asumir su responsabilidad.**
> **—Michael Korda**

Mientras que la motivación se enfoca en *por qué* las personas son confiables, la responsabilidad indica que *quieren* ser confiables. El poeta Edward Everett Hale describió eficaz-mente este deseo al escribir:

> Yo soy sólo uno,
> Pero por lo menos soy uno.
> No puedo hacerlo todo
> Pero por lo menos puedo hacer algo;
> Y porque no puedo hacerlo todo
> No voy a dejar de hacer lo que sí puedo hacer.

Los miembros confiables de un equipo poseen el deseo de hacer las cosas que son capaces de hacer.

3. Un pensamiento atinado

Gene Marine, editor del *Bellefontaine Examiner* envió una vez a un joven reportero de deportes a cubrir un importante juego, pero cuando el joven regresó, no traía la historia. Marine le preguntó por qué y el reportero le contestó:

—No hubo juego.

—¿Que no hubo juego? ¿Qué ocurrió?

—El estadio se vino abajo —respondió el reportero.

—Entonces, ¿dónde está la crónica del derrumbe del estadio? —preguntó el editor.

—Usted no me dijo que cubriera eso, señor —respondió el reportero.

El potencial de una noticia sensacional se hizo agua por la incapacidad de un joven de pensar bien.

La confiabilidad significa más que sólo querer ser responsable. Este deseo debe complementarse con un buen juicio que permita ser de valor real para el equipo.

4. *Contribución consistente*

La última cualidad de un jugador de equipo confiable es la consistencia. Si usted no puede confiar en sus compañeros todo el tiempo, entonces no podrá confiar en ellos nunca. La consistencia requiere más que talentos. Exige una profundidad de carácter que permita a la gente seguir adelante sin importar lo cansado, lo distraído o lo abrumado que se esté. Como dijo Winston Churchill: «No es suficiente que hagamos lo mejor; a veces tenemos que hacer lo que se requiere que hagamos».

> **No es suficiente que hagamos lo mejor; a veces tenemos que hacer lo que se requiere que hagamos.**
> **—Winston Churchill**

ALGO PARA PENSAR

¿Pueden sus compañeros de equipo confiar en usted? ¿Pueden confiar en sus motivos? ¿Toma decisiones tan sabias que los demás se sientan tranquilos? ¿Actúa en forma consistente aun cuando no tiene muchos deseos de hacerlo? ¿Es usted un jugador siempre dispuesto a ir adelante? ¿Sus compañeros de equipo trabajan con usted cuando llegan los tiempos difíciles?

ALGO PARA HACER

Para mejorar su confiabilidad...

- *Examine sus motivos.* Si no ha escrito sus metas, deténgase y hágalo antes de seguir leyendo. Ahora, reflexione en sus metas. ¿Cuántas de ellas benefician al equipo del que usted forma parte, a su familia, a la organización para la que trabaja, a su equipo de voluntarios, a los otros miembros de su equipo? ¿Cuántas le benefician sólo a usted? Dedique algún tiempo a alinear sus prioridades personales con las de su equipo.

- *Descubra el valor de su palabra*. Haga la siguiente pregunta a cinco de sus compañeros de equipo: «¿Qué tan confiable soy cuando les digo que tengo la intención de hacer algo? Evalúenme usando la escala del uno al diez». Si las respuestas no son tan buenas como usted esperaba, no se defienda. Simplemente pida ejemplos en una forma no agresiva. Si el promedio de las respuestas es inferior a nueve o a diez entonces empiece a escribir sus compromisos de ese día en adelante y déles seguimiento durante un mes.

- *Busque a alguien que le ayude a ser responsable*. Será más fácil para usted si tiene a un compañero que le dé apoyo. Busque a alguien a quien usted respete para que le ayude a cumplir sus compromisos.

Algo para el camino

A mediados de los años de 1800 durante una depresión económica, muchos gobiernos estatales de los Estados Unidos se alarmaron y empezaron a buscar soluciones para la crisis económica que enfrentaban. Pennsylvania, por ejemplo, simplemente dejó de pagar sus deudas para conservar su solvencia a pesar que muchos consideraban que su posición financiera era relativamente fuerte.

Cuando la legislatura del estado de Ohio pensó seguir el ejemplo de Pennsylvania, Stephen Douglas, que más tarde sería senador en Washington y se postuló sin éxito para la Presidencia, decidió tratar de evitarlo. Lamentablemente por ese tiempo estaba gravemente enfermo y confinado a su lecho. Pero Douglas estaba decidido. Lo llevaron en camilla a la sesión legislativa y, acostado, el «pequeño gigante» como se le conocía, habló contra esa política. Gracias a sus esfuerzos, la legislatura decidió no interrumpir sus obligaciones sino seguir cumpliéndolas en forma normal. Cuando la crisis económica pasó, el estado empezó a prosperar. Se ha dicho que una de las razones para tal prosperidad fue la confiabilidad del gobierno.

Nunca subestime los beneficios a largo plazo que pueden llegar como resultado de ser confiable.

DISCIPLINADO

DONDE HAY UNA VOLUNTAD
HAY UN GANADOR

Lo que hagamos en alguna gran ocasión
probablemente dependerá de lo que ya somos;
y lo que somos será el resultado de los años
previos de autodisciplina.

—H. P. Liddon

La disciplina es el fuego purificador por el que
el talento se convierte en capacidad.

—Roy L. Smith

Cómo se hace un triunfador

En su libro *The Life God Blesses* [La vida que Dios bendice], mi amigo Gordon MacDonald cuenta la historia sobre sus experiencias en el equipo de atletismo de la Universidad de Colorado a finales de los años cincuenta. En particular, recuerda los ejercicios tan duros que tenía que hacer con un compañero de nombre Bill. «Todavía hoy día me angustio al pensar en aquellos ejercicios cada lunes por la mañana. Cuando las prácticas terminaban, me iba tambaleando a los vestidores».

Pero Bill era diferente. Sin duda aquellos ejercicios eran igualmente difíciles para él, pero cuando terminaba, se quedaba descansando en el césped cerca de la pista de atletismo. Después de unos veinte minutos, mientras Gordon se duchaba, Bill hacía todos los ejercicios otra vez.

Pero Bill no se consideraba un atleta excepcional entre sus compañeros. Durante el tiempo que estudió en la Universidad de Colorado, nunca ganó una medalla en competencias nacionales ni jamás integró un equipo de estrellas. «No era un gran atleta», recuerda Bill, «pero tenía una teoría... la teoría de la "bolsa de trucos": no hay un movimiento importante que puedas hacer en tus prácticas o en las competencias, pero hay miles de pequeñas cosas que sí puedes hacer».[1]

Es probable que Bill no haya hecho un gran impacto durante sus años en la universidad, pero su disciplina y empeño le pagaron buenos dividendos. Sus dos mejores especialidades eran el salto largo y los 400 metros. Siguió trabajando en ambas modalidades y añadió otras disciplinas para poder competir en el decatlón. Gracias al esfuerzo disciplinado y un constante mejoramiento, el poco espectacular atleta universitario que había trabajado junto a (y adelante de) Gordon MacDonald se convirtió en un atleta mundialmente famoso. Porque este Bill no es otro que Bill Toomey, el decatleta promovido al Salón de la Fama Olímpico en 1984. En 1966 estableció un récord mundial en decatlón, ganó medalla de oro en los Juegos Olímpicos de Tokio en 1968 y ganó cinco campeonatos nacionales seguidos de decatlón, algo que todavía nadie ha podido lograr en su deporte.

Lo que llevó a Toomey a alcanzar tan grandes logros fue su disciplina. Estas palabras de Gordon MacDonald lo dicen todo: «La diferencia entre nosotros empezó los lunes por la tarde en los días de práctica. Él no le tenía miedo a la disciplina y dio el máximo. Yo le tenía miedo a la disciplina e hice lo mínimo».[2]

UN POCO MÁS DE SUSTANCIA

Disciplina es hacer lo que realmente no desea hacer para poder hacer lo que realmente quiere hacer. Es pagar el precio en las cosas pequeñas para poder comprar la grande. Y de la misma manera que ningún individuo tiene éxito sin disciplina, tampoco puede lograrlo ningún equipo. Por esto se necesitan jugadores disciplinados. Para llegar a ser la clase de jugadores que los equipos desean, se debe desarrollar disciplina en tres áreas. Estos jugadores deben tener...

> Disciplina es hacer lo que realmente no desea hacer para poder hacer lo que realmente quiere hacer.

1. Una mente disciplinada

No llegará lejos en la vida si no usa la cabeza. Para hacer esto, no necesita ser un genio; sólo necesita usar la mente que Dios le dio. George Bernard Shaw dijo: «Poca gente piensa más de dos o tres veces en el año; yo me he ganado una reputación internacional por pensar una o dos veces a la semana». Si mantiene su mente activa, si acepta con regularidad desafíos mentales y está pensando permanentemente en cosas buenas, desarrollará una mente disciplinada que le ayudará en lo que sea que intente hacer.

2. Emociones disciplinadas

> **Las personas tienen sólo dos alternativas cuando se trata de sus emociones: las controlan o estas les controlan.**

Las personas tienen sólo dos alternativas cuando se trata de sus emociones: las controlan o estas les controlan. Esto no significa que para ser un buen jugador de equipo tiene que ignorar sus sentimientos. Pero sí quiere decir que no va a permitir que sus sentimientos le impidan hacer lo que debe hacer o cosas que no debería hacer.

Un ejemplo clásico de lo que puede ocurrir cuando una persona no disciplina sus emociones puede verse en la vida de la leyenda del golf, Bobby Jones. Como hoy día Tiger Woods, Jones fue un prodigio jugando golf. Empezó a jugar en 1907 a los cinco años de edad. Cuando tenía doce, marcó bajo par, algo que la mayoría de los golfistas no logran durante toda una vida jugando. A los catorce, calificó para el equipo amateur de los Estados Unidos. Pero Jones no ganó esa competencia. Su problema se puede describir mejor con el sobrenombre que le pusieron: el «tira palos». A menudo, Jones perdía la compostura y con ella, su habilidad de jugar bien.

Un golfista más viejo a quien Jones llamaba abuelo Bart le dijo un día: «No podrás ganar mientras no controles tu temperamento». Jones escuchó el consejo y empezó a trabajar para controlar sus emociones. A los veintiún años, Jones floreció y se convirtió en uno de los más grandes golfistas de la historia, retirándose a los veintiocho años después de haber ganado el *grand slam* del golf. Este comentario del abuelo Bart resume la situación: «Bobby tenía catorce cuando logró controlar el deporte del golf, pero tenía veintiún años cuando logró controlarse a sí mismo».

3. Acciones disciplinadas

Albert Hubert dijo: «Aquellos que quieren tomar leche no deberían sentarse en un taburete en medio del campo y esperar que la vaca vaya a ellos». Agudizar la mente y controlar las emociones es importante, pero estas lo llevarán sólo hasta ahí. La acción separa a los ganadores de los perdedores. El jugador que corre a toda velocidad hacia la zona contraria para anotar, el abogado que estudia los casos, el doctor que se mantiene concentrado en la sala de emergencia, los padres que llegan a casa cuando lo prometieron en lugar de trabajar hasta tarde son personas que practican la acción disciplinada. Y cuando lo hacen, las personas que dependen de ellos se benefician.

> Aquellos que quieren tomar leche no deberían sentarse en un taburete en medio del campo y esperar que la vaca vaya a ellos.
>
> **—Albert Hubert**

ALGO PARA PENSAR

¿Cómo actúa usted cuando se trata de disciplina? ¿Acepta retos metales o físicos sólo por la práctica? ¿O está constantemente buscando la forma de permanecer en su zona de comodidad? ¿Se lamenta a veces por no haber sido capaz de hacer lo que sabía que era correcto? ¿O la mayor parte del tiempo cree que ha hecho lo mejor que ha podido? ¿Cómo reacciona cuando está bajo presión? ¿Esperan las personas de su equipo esfuerzos adicionales o una explosión repentina de usted cuando las cosas no salen bien? Sus respuestas a estas preguntas le indicarán si está ganando o no la batalla por la disciplina.

ALGO PARA HACER

Para llegar a ser un jugador de equipo más disciplinado...

- *Refuerce sus hábitos de trabajo.* El biólogo y educador Thomas Huxley dijo: «Quizás el resultado más importante de la educación es la habilidad de hacerte hacer eso que tienes que hacer, cuando tienes que hacerlo, te guste o no; es la primera lección que debemos aprender y aunque el entrenamiento del ser humano comienza temprano, esta es probablemente la última lección que aprendemos completamente». Disciplina significa hacer las cosas correctas en el momento correcto y por la razón correcta. Revise sus prioridades y analícelas para ver si está en la senda correcta. Y para mantener la disciplina, haga todos los días algo necesario aunque no le agrade.

- *Acepte un desafío*. Para fortalecer su mente y voluntad, asuma una tarea o adopte un proyecto que le resulte atractivo. Llevarlo a cabo exigirá que piense con agudeza y actúe con disciplina. Manténgase haciendo esto y verá que es capaz de hacer mucho más de lo que se imaginaba.

> **Disciplina significa hacer las cosas correctas, en el momento correcto y por la razón correcta.**

- *Controle su lengua*. Si algunas veces reacciona emocionalmente, el primer paso para mejorar es dejar de decir cosas que sabe que no debe decir. La próxima vez que esté a punto de irritarse, controle su lengua por cinco minutos, tome un rato para tranquilizarse y mire las cosas más racionalmente. Use esta estrategia repetidamente y verá cómo puede controlar mejor sus emociones.

ALGO PARA EL CAMINO

Durante el siglo XIV, en lo que hoy es Bélgica, vivió un hombre llamado Reynald III. Reynald era un noble con el derecho a ser duque de sus tierras, pero su hermano menor se rebeló en su contra y le usurpó sus tierras. El hermano de Reynald quería a su hermano fuera del camino pero no quería matarlo; de modo que elaboró un plan muy ingenioso. Como Reynald era muy alto, su hermano lo puso en una habitación con una puerta mucho más pequeña que lo normal. Si Reynald bajaba algo de peso podría pasar por la puerta y se le dejaría salir. De hecho, su hermano usurpador le prometió que si lograba salir del cuarto le restituiría la libertad y su título.

Pero Reynald no era un hombre de disciplina y su hermano lo sabía. Todos los días ordenaba que llevaran comidas deliciosas al cuarto de Reynald. Y Reynald se las comía. Así, en lugar de adelgazar, se puso más y más gordo.

Una persona que carece de disciplina está en un calabozo sin barrotes. ¿Están sus hábitos haciendo de usted un prisionero?

VALORA A LOS DEMÁS

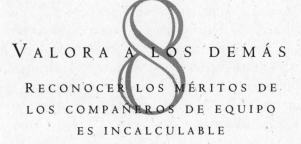

RECONOCER LOS MÉRITOS DE LOS COMPAÑEROS DE EQUIPO ES INCALCULABLE

El propósito de la vida no es ganar. El propósito de la vida es crecer y compartir. Cuando mira hacia atrás, a todo lo que ha hecho en la vida, hallará más satisfacción en las alegrías que ha traído a las vidas de otras personas que en las ocasiones en que las superó y las derrotó.

—Rabino Harold Kushner

La mayoría de nosotros nos tranquilizamos cuando soltamos la tensión entre dónde estamos y dónde deberíamos estar.

—John Gardiner

CORAZÓN VALIENTE

En 1926, el rey Eduardo I de Inglaterra organizó un gran ejército y cruzó la frontera de su nación para entrar a Escocia. Eduardo era un líder muy diestro y un guerrero temible. Era un hombre alto y fuerte que había ganado su primera batalla cuando acababa de cumplir los veinticinco años. En los años siguientes, se convirtió en un veterano experimentado al pelear en las Crusadas.

A los cincuenta y siete años obtuvo una importante victoria en Gales, cuyo pueblo derrotaría y cuya tierra anexaría. En ese conflicto, su propósito había sido muy claro: «contrarrestar la impetuosa temeridad de los galeses, castigar su soberbia y luchar contra ellos hasta su exterminio».[1]

Durante un tiempo, Eduardo intentó manipular el destino de Escocia. Se las arregló para hacerse amo del territorio para luego poner allí a un rey débil de carácter, un hombre al que el pueblo escocés llamaba «Toom Tabard», que quiere decir «capa vacía». Luego lo hostigó hasta que hizo que se rebelara y le dio a la monarquía inglesa una razón para invadir al país. El pueblo escocés fue humillado.

Eduardo saqueó el castillo de Berwick y masacró a sus habitantes. Otros castillos se rindieron rápidamente. El rey escocés fue despojado del poder y muchos creyeron que el destino de los escoceses sería el mismo de los galeses. Pero llegaron a esa conclusión sin tomar en cuenta los esfuerzos de un hombre: Sir William Wallace, a quien todavía se le honra como héroe nacional de Escocia pese a haber transcurrido más de setecientos años.

Si usted vio la película *Braveheart* [Corazón valiente] entonces tiene una imagen de un William Wallace luchador y decidido que valoraba la libertad por encima de cualquier cosa. Se esperaba que su hermano mayor, Malcolm, en su calidad de primogénito, siguiera los pasos de su padre como guerrero. A William, como a muchos de los segundos hijos de aquellos tiempos, se le preparó para el clero y le enseñaron diferentes valores, incluyendo la libertad. Pero su indignación hacia los ingleses opresivos aumentó después que mataron a su padre en una emboscada y que obligaron a su madre a vivir en el exilio. Tomó las armas cuando, a los diecinueve años de edad, un grupo de ingleses trató de intimidarlo. A comienzos de sus veinte, ya era un guerrero tremendamente hábil.

Durante los tiempos de William Wallace y Eduardo I, por lo general las guerras eran dirigidas por soldados entrenados, profesionales, y a veces por mercenarios. Mientras más grande y experimentado era el ejército, mayor era su poder. Cuando Eduardo enfrentó al pequeño ejército de Gales, estos no tenían ninguna posibilidad de sobrevivir. Lo mismo ocurría con los escoceses. Pero Wallace tenía una capacidad inusual. Reunió a la gente escocesa común, los convenció del valor de la causa de la libertad, los inspiró y equipó para pelear contra la maquinaria profesional de Inglaterra.

Finalmente, William Wallace no pudo derrotar a los ingleses y conseguir la independencia para su nación. Lo ejecutaron brutalmente cuando tenía treinta y tres años. (La forma en que lo trataron fue peor de lo que se ve en la película *Braveheart*.) Pero su legado de hombre valiente que valoraba a los demás perduró. Al año siguiente, inspirado en el ejemplo de Wallace, el noble Robert Bruce reclamó el trono de Escocia y reclutó no sólo a los aldeanos sino a la nobleza. Y en 1314, Escocia finalmente ganó su tan ansiada independencia.

Un poco más de sustancia

Los miembros de un equipo siempre aprecian y admiran a alguien que es capaz de ayudarles a alcanzar otro nivel, alguien que los haga sentirse importantes y los capacite para alcanzar el éxito. Estas personas son como Bill Russell, ex jugador de los Celtics de Boston, quien tiene un lugar en el Salón de la Fama de la NBA y dijo: «La forma más segura para saber lo bien que he jugado es ver cuánto he hecho para que mis compañeros hayan jugado bien».

Los jugadores que añaden valor a sus compañeros tienen varias características en común:

> La forma más segura para saber lo bien que he jugado es ver cuánto he hecho para que mis compañeros hayan jugado bien.
>
> —Bill Russell

1. Valoran a sus compañeros de equipo

El empresario Charles Schwab dijo: «Todavía no he encontrado a un hombre que, sin importar su posición, no haya hecho un mejor trabajo y hecho un mayor esfuerzo bajo un espíritu de aprobación que bajo un espíritu de crítica». Los miembros de su equipo pueden decir si usted cree en ellos o no. El rendimiento de las personas usualmente refleja las expectativas de aquellos a quienes respetan.

2. Realzan los valores que son importantes para sus compañeros

Los jugadores que valoran a otros hacen más que apreciar a sus compañeros de equipo; entienden lo que es importante para ellos. Escuchan para descubrir de qué hablan y en qué gastan su dinero. Este tipo de conocimiento, junto con el deseo de relacionarse con sus compañeros, crea una fuerte conexión entre todos. Y hace posible la próxima característica de los jugadores que añaden valor a sus compañeros.

3. Añaden valor a sus compañeros

Agregar méritos es realmente la esencia de realzar a otros. Es encontrar formas de ayudarles a mejorar sus habilidades y actitudes. Alguien que realza los méritos de otros busca los dones, talentos y la singularidad de los demás y luego les ayuda a aumentar sus habilidades para beneficio personal y el de todo el equipo. Una persona que añade valor a los demás es capaz de llevarlos a un más alto nivel.

4. Hacen de sí mismos personas más valiosas

Las personas que valoran a los demás se hacen ellos mismos mejores no sólo porque con esa actitud se benefician personalmente sino también porque ayudan a los demás a ayudar a otros. Nadie puede dar lo que no tiene. Por ejemplo, en básquetbol, un gran jugador como Karl Malone recibe la ayuda del campeón en asistencia el extraordinario John Stockton. Si usted quiere aumentar la capacidad de un compañero de equipo, hágase usted mismo mejor.

ALGO PARA PENSAR

¿Cómo lo ven sus compañeros de equipo? ¿Reconoce los méritos de los demás? ¿Los hace mejor de lo que pueden ser sólo con su inspiración y contribución? ¿Conoce realmente el valor de los miembros de su equipo? ¿Aprovecha esas características añadiéndoles valor en esas áreas?

Convertirse en una persona que añade valor a los demás no es siempre fácil. Se necesita seguridad personal para reconocer los valores de los demás. Si en lo profundo de su ser cree que ayudar a otros de alguna manera le va a afectar negativamente a usted o menoscabará sus posibilidades de éxito, entonces hacerlo le va a resultar hasta doloroso. Pero, como dijo Henry Ward Beecher: «Nadie está más equivocado que el egoísta». Cuando un miembro de un equipo reconoce con generosidad los méritos de sus compañeros, añade valor a los suyos.

> **Nadie está más equivocado que el egoísta.**
>
> **—Henry Ward Beecher**

ALGO PARA HACER

Si quiere ser un miembro del equipo que añade valor a sus compañeros, entonces haga lo siguiente:

- *Crea en otros antes que ellos crean en usted.* Si quiere ayudar a alguien a que sea mejor, entonces tiene que dar usted el primer paso. No al revés, es decir, dejar que los demás tomen la iniciativa. Pregúntese: *¿Qué tiene esta persona que sea especial, único y admirable?* Luego comparta sus observaciones con esa persona y con otros. Si cree en los demás y les atribuye una buena reputación, les ayudará a ser mejores de lo que creen que son.

- *Sirva a los demás antes que a usted.* Uno de los servicios más beneficiosos que puede realizar para ayudar a los demás es que logren alcanzar todo su potencial. En su familia, ayude a su cónyuge. Libere tiempo y recursos para tener experiencias enriquecedoras. En el campo de juego, busque la manera de pasar la pelota a sus compañeros de equipo. En los negocios, ayude a sus colegas a brillar. Y cada vez que le sea posible, dé créditos a los demás por los triunfos del equipo.

• *Añada valor a los demás antes que estos le añadan valor a usted*. Una verdad básica de la vida es que la gente siempre busca la compañía de quienes los valoran y se alejan de quienes los desvalorizan. Usted puede añadir valor a otros destacando sus puntos fuertes y ayudándoles a concentrarse en mejorar. Pero recuerde esto: aliente y motive a otros fuera de su zona de comodidad pero nunca fuera de su zona de capacidad. Si trata de forzar a alguien para que trabaje en áreas en las que no tiene talento, sólo lo va a frustrar.

> La gente siempre busca la compañía de quienes los valoran y se alejan de quienes los desvalorizan.

ALGO PARA EL CAMINO

Hasta donde podía recordar, un niño llamado Chris Greicius soñó con llegar algún día a ser policía. Pero había un gran problema. Padecía de leucemia y todo parecía indicar que no llegaría a la edad adulta. Cuando tenía siete años, empeoró la batalla de Chris contra la enfermedad y fue entonces cuando un amigo de la familia, que era oficial de aduanas de los

Estados Unidos, hizo los arreglos para que Chris pudiera acercarse lo más posible a hacer realidad su sueño. Llamó al jefe de policía Ron Cox en Phoenix y coordinó para que Chris pasara un día completo con los policías del Departamento de Seguridad Pública de Arizona.

Cuando el día llegó, tres carros de policía y una motocicleta conducida por Frank Shankwitz escoltaron a Chris hasta el cuartel de policía. Lo montaron en un helicóptero para que hiciera un recorrido sobre la ciudad y concluyeron el día juramentándolo como el primero —y único— policía honorario del estado. Al día siguiente, Cox ordenó a la empresa que fabricaba los uniformes para la Patrulla de Carretera de Arizona un uniforme de patrullero para Chris. Y en veinticuatro horas se lo entregaron. El niño no podía creerlo.

Dos días más tarde, Chris falleció en el hospital, con su uniforme a la mano.s El policía Shankwitz estaba triste por la muerte de su pequeño amigo pero estaba agradecido por haber tenido la oportunidad de ayudarlo. También se dio cuenta que había muchos niños en circunstancias similares a las de Chris. Eso lo llevó a establecer la Fundación «Haga realidad un sueños». Desde entonces y por espacio de veinte años, él y su organización han dado una alegría especial a más de ocho mil niños.

No hay nada que tenga más valor —o sea más gratificante— que exaltar las vidas de los demás.

ENTUSIASTA

LA FUENTE DE ENERGÍA DE SU
EQUIPO ES EL CORAZÓN DE USTED

Me da pena con la persona que no puede disfrutar
verdaderamente de su trabajo. No sólo nunca se
sentirá satisfecha sino que jamás logrará algo
que valga la pena.

—Walter Chrysler

Jamás se logró nada importante sin entusiasmo.

—Ralph Waldo Emerson

AMANTES HOG

Su pasión es legendaria, así como el objeto de su pasión. Muchos de ellos son miembros de una organización llamada HOG. Y en junio de 1998, más de 140.000 de ellos recorrrieron las calles de Milwaukee, Wisconsin, para celebrar su amor. Son los dueños de las motocicletas Harley-Davidson.

En junio de 1998 se cumplió el aniversario noventa y cinco de la Compañía Harley-Davidson, una organización que comenzó cuando William S. Harley, de veintiún años y su amigo Arthur Davidson, de veinte, decidieron en un pequeño cobertizo de madera ponerle motor a las bicicletas. El primer año vendieron tres motocicletas que hicieron a mano. No pasó mucho tiempo antes que comenzaran a tener éxito y a ampliar su empresa. Cada año producían más vehículos.

Cuando surgieron las carreras de motos y ganaron popularidad, las Harley-Davidson dominaron. Al estallar la Primera Guerra Mundial los aliados no tardaron en darse cuenta de la importancia de las motocicletas. Harley-Davidson estima que la compañía proveyó la mayoría de las veinte mil motocicletas usadas por el ejército de los Estados Unidos en la guerra. Y después de firmado el armisticio, el primer estadounidense en entrar en Alemania lo hizo manejando una motocicleta Harley-Davidson.[1]

La compañía prosperó por más de medio siglo. Uno de sus puntos fuertes fue que era un negocio familiar cuyos empleados o clientes se sentían conectados por su amor por las motocicletas Harley-Davidson. Y la compañía continuó creciendo, modernizando y mejorando sus motocicletas y ganando admiradores. A principios de la década del 70, Harley-Davidson era dueño de cerca del ochenta por ciento del mercado de motocicletas grandes (850+ cc) en los Estados Unidos.[2]

Pero antes que la compañía alcanzara su punto más alto en los años setenta, empezaron a tener serios problemas. A principios de la década del sesenta, la compañía salió a la calle a levantar fondos para poder modernizarse, diversificarse y así poder competir mejor contra los fabricantes japoneses. A finales de los sesenta, la firma AMF los compró. Después de una orgullosa historia de sesenta y cinco años en Milwaukee, la sede principal fue abruptamente trasladada a Nueva York, y el ensamblaje final empezó a hacerse en Pennsylvania. El personal de empleados de Harley-Davidson estaba desmoralizado.

Durante la siguiente década la reputación de Harley-Davidson se vino abajo. Las motocicletas se hicieron poco confiables. La policía a través del país que había manejado con orgullo los vehículos de la compañía estadounidense empezó a comprar productos japoneses que eran más baratos y más seguros. Para 1980, Harley-Davidson había perdido más del treinta por ciento del mercado que una vez había sido exclusivamente suyo. Y por primera vez en su historia, la compañía perdió dinero. El futuro de Harley-Davidson se veía oscuro.

Lo que salvó a la compañía fue una de las cosas que nunca falló: la pasión de empleados y clientes por las motocicletas que llevaban su nombre. En 1981, trece altos ejecutivos compraron la compañía. Entre ellos estaba Vaughn Beals, un entusiasta de Harley desde la Segunda Guerra Mundial que dirigía el departamento de motocicletas de AMF. Rápidamente empezaron a transformar la Harley-Davidson. Perfeccionaron las operaciones, mejoraron los métodos de manufactura e introdujeron nuevos productos.

También aprovecharon el entusiasmo de los dueños de motocicletas Harly creando HOG, el *Harley Owners Group* (Grupo de Dueños de Harleys), que hoy día tiene más de 600.000 miembros. En 1985 Harley-Davidson ganó dinero por primera vez en cinco años.

Durante aquellos años mucha gente abandonó la compañía pero los empleados que quedaron eran personas dedicadas. En los años que siguieron, Harley-Davidson decidió reunir su compromiso, conocimiento y entusiasmo en una asociación única que comenzó entre trabajo y administración y se expandió hasta incluir todos aquellos sectores que la compañía identifica como sus sostenedores: clientes, empleados, proveedores, accionistas, gobierno y sociedad. Hoy día, el entusiasmo y el compañerismo están dando sus dividendos. Harley-Davidson manufactura y vende anualmente más de 200.000 vehículos en países alrededor del mundo con ventas netas de más de $2.9 mil millones.[3]

UN POCO MÁS DE SUSTANCIA

¿Qué salvó a la Harley-Davidson? Creo que fue el entusiasmo. El entusiasmo de Beals y los otros doce ejecutivos que en 1981 compraron la compañía y la mantuvieron a flote. Fue el entusiasmo de los empleados que permanecieron en la compañía bajo circunstancias difíciles para producir mejores motocicletas cuando la fuerza laboral se redujo en un cuarenta por ciento. Y por supuesto, fue el entusiasmo de los clientes que desde hace mucho

> La gente puede tener éxito en cualquier cosa en la que tenga entusiasmo.
> —Charles Schwab

tiempo consideran a Harley-Davidson como lo máximo en motocicletas y que le ha dado a la compañía el éxito financiero que tiene hoy día.

No hay sustituto para el entusiasmo. Cuando los miembros de un equipo son entusiastas, todo el equipo se convierte en una increíble fuente de energía. Y esa energía produce poder. El empresario Charles Schwab lo dijo de la siguiente manera: «La gente puede tener éxito en cualquier cosa en la que tenga entusiasmo».

Piense en las personas que aportar una actitud entusiasta al equipo y se dará cuenta que ellos...

1. *Se responsabilizan por su entusiasmo*

La gente exitosa entiende que la actitud es una decisión, y que incluye el entusiasmo. Los que esperan que una fuerza exterior los ayude a activar su entusiasmo están a merced de otras personas todo el tiempo. Es como si sintieran calor o frío según lo que ocurra alrededor de ellos en un momento dado. Sin embargo, las personas positivas son positivas porque deciden serlo. Si usted quiere ser positivo, vencedor y apasionado, necesita asumir la responsabilidad de ser así.

> **Las personas positivas son positivas porque deciden serlo.**

2. *Actúan más allá de sus sentimientos*

Nadie puede pretender ganar si no empieza. Esta es una de las razones por la que necesita actuar más allá de sus sentimientos. No puede romper un ciclo de apatía esperando *sentirse* listo para hacerlo. Hago referencia a un asunto similar en *El lado positivo del fracaso*:

Las personas que quieren salir del ciclo del miedo a menudo ... creen que tienen que eliminar [su miedo] para romper el ciclo. Pero ... no puede esperar la motivación para comenzar. Para conquistar el miedo, tiene que sentir el miedo y de todos modos entrar en acción ... Tiene que empezar a moverse. La única manera de romper el ciclo es enfrentando su miedo y entrando en acción, aun cuando la acción parezca pequeña e insignificante. Para vencer el miedo, tiene que comenzar.[4]

De igual manera, si quiere ser entusiasta, necesita a actuar de esa manera. Si espera sentirlo antes de actuar, quizás nunca se convierta en un entusiasta.

3. Creen en lo que hacen

¿Cómo pueden generar entusiasmo las personas que no se *sienten* entusiastas? Una de las mejores formas es pensar en todos los aspectos positivos de su trabajo. Creer en lo que hace y enfocarse en esas creencias positivas le ayudarán a actuar y a pensar positivamente sobre lo que está haciendo. Esto le ayudará a encender el fuego de entusiasmo que tiene dentro y una vez que comienza, lo único que necesita hacer es alimentar las llamas.

4. Pasan tiempo con personas entusiastas

Si quiere incrementar su entusiasmo, pase tiempo con gente entusiasta. Denis Waitley, autor de libros sobre la sicología de ganar, dice: «El entusiasmo es contagioso. Es difícil mantenerse neutral o indiferente en presencia de una persona de pensamiento positivo». Y cuando usted reúne un equipo de gente entusiasta, las posibilidades para ese equipo son infinitas.

ALGO PARA PENSAR

Bill Gates, presidente de Microsoft comentó: «Lo mejor que hago es compartir mi entusiasmo». Obviamente esa habilidad ha traído a las personas en su organización un éxito inmenso. Si se les preguntara, ¿dirían sus compañeros de equipo que usted tiene un efecto similar sobre ellos? El entusiasmo aumenta los logros de una persona mientras que la apatía aumenta sus excusas. ¿Qué es lo que con más probabilidad descubrirá la gente en usted?

> **El entusiasmo es contagioso. Es difícil mantenerse neutral o indiferente en presencia de una persona de pensamiento positivo.**
>
> **—Denis Waitley**

ALGO PARA HACER

Para aumentar su entusiasmo...

- *Muestre un sentido de urgencia*. Una buena manera de encender su fuego es hacer las cosas con mayor urgencia. Identifique un proyecto por el que siente menos entusiasmo del que debería. Póngase plazos para terminar las tareas que sean un poco más ambiciosos de lo que le resulta cómodo. Esto le ayudará a enfocarse más y a tener más energía.

- *Esté dispuesto a hacer más*. Una forma de demostrar entusiasmo con sus compañeros de equipo es ir la segunda milla con los demás. Esta semana cuando alguien le pida hacer algo, haga eso y algo más. Luego observe en silencio el impacto que su acción tiene en la atmósfera del equipo.

- *Luche por la excelencia*. Elbert Hubbard dijo: «La mejor preparación para un buen trabajo mañana es hacer un buen trabajo hoy». Nada produce más entusiasmo que un trabajo bien hecho. Si hasta ahora no le han preocupado mucho sus niveles de eficiencia, redoble sus esfuerzos para hacer cosas de acuerdo con sus más altos niveles de excelencia.

> **La mejor preparación para un buen trabajo mañana es hacer un buen trabajo hoy.**
> **—Elbert Hubbard**

ALGO PARA EL CAMINO

Todos los meses donan tiempo para algo que durará sólo unas pocas horas. Trabajan cada 31 de diciembre y 1 de enero como voluntarios en lugar de ir a fiestas o permanecer en casa con sus familias. Son los hombres y mujeres que construyen y decoran las carrozas para la competencia anual de la Parada de las Rosas en Pasadena, California.

Cada año, más de un millón de personas se alinean en la ruta que sigue el desfile y más de 400 millones encienden el televisor para ver la colorida parada que se inició en 1890. Aunque muchas de las carrozas las diseñan y producen compañías profesionales, algunas siguen siendo diseñadas y construidas por voluntarios. La construcción de las carrozas comienza en la primavera y termina en diciembre.

Las carrozas se decoran totalmente con flores, semillas y otros objetos naturales en los días antes del desfile.

«Es mucho trabajo y muchos voluntarios» explica un decorador de carrozas. «Nos toma unas 4.000 horas hombre construir una carroza y aproximadamente el mismo número de horas para decorarla».

¿Qué mantiene a las personas regresando para ser voluntarios del equipo año tras año? Su entusiasmo. La voluntaria Pam Kontra lo explica así: «Es muy divertido. Es mucho trabajo y demanda mucho tiempo, pero ver una carroza deslizándose por las calles y decir: "Yo tengo una parte en esa carroza" es tan emocionante como verla».[5] Esta clase de entusiasmo da a las personas —y al equipo— la energía que se requiere para realizar hasta las tareas más difíciles.

10

INTENCIONADO

HAGA QUE CADA ACCIÓN CUENTE

Es fácil vivir en el mundo según las opiniones del mundo; es fácil, en soledad, vivir según nuestras opiniones; pero un gran hombre es aquel que en medio de las multitudes mantiene con perfecta dulzura la independencia de su soledad.

—Ralph Waldo Emerson

Tiene que pensar en las «cosas grandes» mientras está haciendo «pequeñas cosas», de esta manera todas las cosas pequeñas van en la dirección correcta.

—Alvin Toffler

¡QUÉ MUÑECA!

Mi esposa Margaret y yo nos convertimos en abuelos en el 2000. Nuestra hija Elizabeth y su esposo Steve trajeron al mundo a una niña a la que llamaron Madeline, y unos pocos meses más tarde, nuestro hijo Joel Porter y su esposa, Elisabeth (sí, a nosotros también nos confunde) tuvieron también una niña a la que llamaron Hannah. Durante años, amigos con nietos nos habían hablado de lo maravilloso que es ser abuelos. Es todo lo que decían y más.

Ahora, Margaret y yo tenemos un nuevo pasatiempo: buscar libros, juguetes y regalos para estas dos pequeñas. Un día Margaret llegó a casa y me dijo: «John, acabo de encontrar la cosa más maravillosa para nuestras nietecitas. Todavía no tienen la edad suficiente, pero es una serie de libros de historia de los Estados Unidos desde el punto de vista de una niña».

Y me mostró el catálogo. Y continuó: «Se llama Colección de Niñas Americanas. Cada grupo de libros se ubica en un período diferente de la historia de los Estados Unidos. Hay muñecas para cada serie de libros, ropa de ese tiempo específico, accesorios y otras cosas. ¡Tienen hasta una revista!»

Toda la serie sonaba muy bien como regalo para nuestras nietecitas. Me llamó la atención, no sólo por mis nietas, sino porque estaba impresionado con la compañía. Así que comencé a hacer algunas investigaciones.

Lo que descubrí fue una organización llamada «Compañía Pleasant», fundada en 1986 por Pleasant T. Rowland, una ex educadora. En el salón de clases, Rowland se sentía frustrada por lo poco creativos que eran los libros que les daban así que empezó a desarrollar su propio material. Más tarde, trabajó en investigación y publicaciones educacionales. Finalmente, cuando ella y su amiga Valerie Tripp desarrollaron una idea creativa para niñas, comenzó su compañía. Rowland dice: «Como maestra, quería dar a las niñas una comprensión del pasado de los Estados Unidos y un sentido de orgullo en las tradiciones que comparten con las niñas de ayer. De este deseo fue que nació la Colección de Niñas Americanas».[1]

Los libros son el centro de la colección. El proceso de hacer los libros es complicado y cada etapa requiere un alto grado de intencionalidad. Primero, la Compaña Pleasant crea una propuesta para un personaje correspondiente a un período y lugar. Esto incluye información sobre la importancia de ese período en la historia de los Estados Unidos y cómo las niñas de hoy día se relacionarán con él. Luego se examina la cultura incluyendo las casas, ropa, comida y más. Además se identifican posibles expertos, escritores e ilustradores que podrían trabajar en el proyecto. Una vez que cada departamento ha revisado el proyecto potencial, los editores escogen a un escritor y el departamento de desarrollo del proyecto empieza a investigar productos que podrían crearse para enriquecer el proceso de aprendizaje de los niños.

Obviamente la estrategia ha funcionado. La compañía ha tenido un tremendo éxito tanto educacional como económico. Hasta ahora ha vendido 61 millones de libros y cinco millones de muñecas, y la revista tiene 700.000 suscriptores.[2] Y Pleasant Rowland ha recibido numerosos premios y honores, así como el reconocimiento del Instituto de Empresarios de los Estados Unidos (junta a la que pertenece en este momento).

Como Rowland es una mujer de negocios, quizás el más grande reconocimiento vino cuando en 1998 Mattel adquirió su compañía y ella se convirtió en vicepresidenta de la empresa. Sin duda, los que tomaron la decisión en Mattel se impresionaron por sus destrezas para los negocios, su sentido de misión y la habilidad para transformar su visión en realidad haciendo que cada movida contara mediante un liderazgo intencionado.

UN POCO MÁS DE SUSTANCIA

¿Qué significa ser intencionado? Significa trabajar con un propósito... hacer que cada acción cuente. En el capítulo 11 hablaremos de estar consciente de la misión, que significa tener presente el panorama general. Pero ser intencionado es diferente. Es enfocarse en hacer las cosas correctas, momento a momento, día a día y luego seguir trabajando en ellas de forma consistente.

Las personas que triunfan son intencionadas. Saben lo que están haciendo y por qué lo están haciendo. Para que un equipo tenga éxito necesita a personas intencionadas, que sean capaces de mantenerse enfocadas y productivas; gente que haga que cada acción cuente.

Cualquier persona que desee vivir con intencionalidad deberá hacer lo siguiente:

1. Tener un propósito por el que valga la pena vivir

Ser intencionado comienza con un sentido de propósito. Willis R. Whitney, el primer director del laboratorio de investigación de la General Electric, dijo: «Algunos hombres tienen miles de razones por las que no pueden hacer lo que les gustaría hacer cuando todo lo que necesitan es una razón del porqué pueden». Usted puede ver esa fuerte razón en la vida y obra de Pleasant Rowland. Su meta era educar a los niños y particularmente ayudar a las niñas. Ese deseo se transformó en una guía para sus acciones y la ayudó a levantar una compañía de 300 millones de dólares. Usted no puede ser una persona resuelta a menos que tenga un fuerte sentido de propósito.

> **Algunos hombres tienen miles de razones por las que no pueden hacer lo que les gustaría hacer cuando todo lo que necesitan es una razón del porqué pueden.**
> **—Willis R. Whitney**

2. Conozca sus fortalezas y sus debilidades

El director de cine Woody Allen comentó: «No importa en qué esté trabajando, me gusta hacer lo que no estoy haciendo». Aunque quizás no le gustan *todos* los aspectos de su profesión, ha hecho tantas películas que debe haber disfrutado la mayor parte de ellas. Y en eso también es bueno. La verdad es que a la gente le gusta hacer aquello para lo que es buena. Trabajar sobre sus puntos fuertes fortalece sus pasiones y renueva su energía. Si se conoce lo suficiente y sabe lo que hace bien, entonces puede dirigir su tiempo y energía en una dirección intencionada.

3. Fije un orden de prioridad en sus responsabilidades

Una vez que conozca el *porqué* de su vida, será mucho más fácil descubrir el *qué* y el *cuándo*. Henry David Thoreau, autor de *Walden*, dijo: «Uno no viene al mundo para hacer de todo, sino

> **Uno no viene al mundo para hacer de todo, sino para hacer algo.**
> **—Henry David Thoreau**

para hacer algo». Esto significa conocer nuestras prioridades y trabajar continuamente en ellas.

4. Aprenda a decir no

Otra cosa que la persona intencionada debe aprender es a decir no. Para mí esto ha sido realmente difícil. Nunca me topo con una oportunidad que no me guste, entonces, mi deseo natural es decir sí a todo. Pero no puede lograr mucho si no se enfoca.

El químico John A. Widtsoe dijo: «Dejemos que cada persona cante su propia canción en la vida». Si trata de hacer todo lo que le aparece en el camino no va a sobresalir en aquello para lo que fue hecho.

5. Comprométase con los logros a largo plazo

Mirar la vida pensando sólo a corto plazo o con una mentalidad de «todo o nada» es negativo para mucha gente. Estas personas tienen una mente tipo lotería: o quieren ganar en grande o no hacen ningún esfuerzo. Sin embargo, la mayoría de los éxitos en la vida se alcanzan con pequeñas victorias que van creciendo y se mantienen con el tiempo. Estar dispuesto a dedicarse por largo tiempo al proceso de alcanzar logros, en lugar de obtener las recompensas inmediatas, le capacitará para ser más intencional. Esto aplica al crecimiento personal, relaciones, inversiones financieras o éxito profesional.

ALGO PARA PENSAR

¿Qué tan intencional es usted? Cuando va a iniciar su día de trabajo, ¿tiene un plan y un propósito para cada cosa que planifica hacer? ¿Sabe hacia dónde se dirige y por qué está haciendo lo que hace? ¿O está sencillamente dejándose llevar por la corriente de la vida? Si sus compañeros de equipo no detectan en usted un sentido de intencionalidad no sabrán qué esperar de usted y difícilmente contarán con usted cuando de veras se necesite.

Para ser una persona más intencionada...

* *Explore sus virtudes y sus debilidades*. No podrá enfocar su intención y efectividad si no se conoce. Si no se ha auto examinado, haga un inventario de sus virtudes y sus debilidades. Luego pregunte a los miembros de su familia, sus amigos y colegas para conseguir información adicional. Mientras más información pueda conseguir, mejor es.

* *Especialícese en su especialidad*. Cuando tenga una buena comprensión de sus fortalezas será capaz de enfocarse. Su meta debe ser invertir el ochenta por ciento de su tiempo y esfuerzos en lo que le produce una alta retribución a usted y a su equipo. Ajuste lo más posible su agenda diaria y su lista de cosas por hacer para que estén de acuerdo a ese estándar.

* *Planifique su calendario con propósitos*. Mientras más extenso sea el período que pueda planificar con intencionalidad, mayores serán los beneficios que obtenga. Si piensa en términos de unas pocas horas o un sólo día, habrá una cantidad limitada de cosas que podrá hacer. Es mejor pensar en términos de lo que quiere tener hecho en una semana o

en un mes. (También es una buena idea establecerse metas anuales.) Separe un tiempo en esta semana para planificar sus actividades en un bloque de tiempo más largo que lo que está acostumbrado a hacer. Si está acostumbrado a pensar diariamente, entonces planifique para una semana. Si acostumbra planificar para una semana, entonces fije sus metas para un mes. Esto le ayudará a ser más intencional cada día.

ALGO PARA EL CAMINO

Mi amigo Dwight Bain me envió una historia de un operador de radio que un día oyó por casualidad a un señor de edad aconsejando a uno más joven a través de la radio.

«Es una pena que tengas que pasar tanto tiempo lejos de tu casa y de tu familia», le dijo. «Permíteme decirte algo que a mí me ha ayudado mucho a mantener una buena perspectiva en mis prioridades. Verás, un día me senté e hice un poco de aritmética. Una persona promedio vive setenta y cinco años. Multipliqué 75 por 52 lo que me dio 3,900. Esta es la cantidad de sábados que una persona promedio tiene durante su vida.

»No fue hasta que cumplí cincuenta y cinco años que me puse a pensar en esto en detalle», continuó. «Y para ese entonces, ya había vivido 2,800 sábados. Pensé que si vivía hasta los setenta y cinco, sólo me quedarían por disfrutar unos mil».

Siguió explicando que compró 1,000 canicas y las puso en un frasco de plástico en su área favorita de trabajo en la casa. «Cada sábado desde entonces», dijo, «saco una canica y la boto. Descubrí que al ver que la cantidad de canicas disminuye, me enfoco más en las cosas verdaderamente importantes de la vida. No hay nada mejor que ver que tu tiempo aquí en la tierra se está acabando para ayudarte a mantener en foco tus prioridades».

Y el anciano terminó, diciendo: «Ahora déjame decirte algo más antes que me desconecte para llevar a mi amada esposa a desayunar. Esta mañana, saqué la última canica del frasco. Pienso que si todavía estoy vivo el próximo sábado es porque me están dando un poco de tiempo adicional».

No podemos escoger si vamos a recibir o no un poco más de tiempo, pero sí podemos decidir lo que vamos a hacer con el que tenemos. Si usted es intencional con lo que tiene, entonces va a sacar el mejor provecho dsel tiempo y los talentos que Dios le ha dado.

C O N S C I E N T E
D E   S U   M I S I Ó N

E L   P A N O R A M A   G E N E R A L   S E
P R E S E N T A   F U E R T E   Y   C L A R O

El secreto del éxito es la constancia en el propósito.

—*Benjamin Disraeli*

Quien tiene un «por qué» vivir podrá soportar
casi cualquier «cómo».

—*Friedrich Nietzsche*

En el frente de batalla

El 28 de junio de 1778 era un día particularmente caliente y húmedo cerca de los tribunales de Monmouth, en el pueblo de Freehold, Nueva Jersey. Ese fue el día durante la Guerra de Revolución de los Estados Unidos que el general Jorge Washington, que había pasado la mayor parte de la guerra librando una batalla de estrategia y movimientos contra los ingleses, finalmente decidió atacar al enemigo en un combate total.

Después de un intento de ataque y retirada por el general americano Charles Lee, las fuerzas revolucionarias se reagruparon bajo el general Washington y lanzaron un fiero ataque de artillería contra los ingleses. Esta se convirtió en la batalla más abarcadora y larga de este tipo durante la Guerra de Revolución. Durante horas, y con una temperatura cercana a los 100 grados F, las dos artillerías enemigas se dispararon toneladas de municiones. Cada lado peleaba usando diez cañones y por mucho tiempo la victoria parecía no querer inclinarse en favor de ninguno de los bandos.

A medida que la lucha se prolongaba, los hombres eran víctimas del cansancio y agotamiento y muchos pedían agua. Mary Hays, la esposa del artillero Williams Hays, corría al frente de batalla para darle agua a los soldados y así pudieran seguir peleando. Esto era algo que había hecho antes. Había viajado con su marido durante toda la guerra, como muchas esposas en aquellos días. Cocinaba, ayudaba a cuidar los soldados e incluso atendían a los heridos en batalla. Estaba tan comprometida con la causa de la libertad y a la derrota de los ingleses como cualquier soldado en el ejército. Mary hasta había pasado el crudo invierno en el Valle Forge junto a los soldados.

Este día, debido al calor, llevar agua era un trabajo de tiempo completo aunque también ayudó a atender a los heridos. Al regresar del frente de batalla de uno de los viajes al arroyo, se percató que William, su esposo, a quien había relevado del frente para que pudiera descansar, estaba nuevamente en la pelea porque habían herido al hombre que lo había reemplazado. La batalla estaba tan pareja que los americanos no podían darse el lujo de tener un cañón fuera de servicio porque podía significar perder la batalla.

Mientras Mary miraba, el fuego enemigo alcanzó su marido. Estaba muerto. No dudó un instante. Había estado suficiente tiempo con el ejército para saber lo que tenía que hacer. Como sabía que faltaban artilleros, tomó el lugar de su marido.

En su autobiografía, un soldado de Connecticut describió el desempeño de Mary durante la batalla:

> Mientras trataba de alcanzar un cartucho y con un pie tan al frente del otro como podía para poder mantener el equilibrio, pasó una bala de cañón enemiga entre sus piernas sin hacer otro daño que llevarse la parte inferior de sus enaguas. Miró lo que había pasado con evidente despreocupación y ... continuó su trabajo.[1]

Después de horas de lucha, los ingleses se vieron obligados a retirarse. El ejército continental había ganado la batalla.

Aunque la batalla de Manmouth no se consideró una importante victoria militar, fue un triunfo político que levantó tremendamente la moral de los revolucionarios. El ejército continental había enfrentado a los ingleses en campo abierto y los había forzado a retirarse. Y en esta, la batalla más larga de la Revolución Americana, los ingleses sufrieron de dos a tres veces más bajas que los americanos. Por sus acciones en combate, Mary Hays recibió un reconocimiento de oficial no comisionado del general Jorge Washington.

UN POCO MÁS DE SUSTANCIA

Mary Hays, a quien se conoce en los libros de historia como «Molly Pitcher», es un símbolo de la actitud de muchas personas que pelearon en la Revolución Americana. Tenían una tremenda conciencia de la misión y ese sentido de propósito y misión los llevó continuamente a hacer lo que era mejor para su causa, sus compañeros de lucha y su nación.

No muchos de nosotros podemos compararnos al heroísmo en el campo de batalla de una persona como Mary Hays, pero sí podemos asimilar la conciencia hacia la misión que trajo a su equipo. Mary Hays mostró las cuatro cualidades de todos los que están conscientes de su misión:

1. Saben hacia dónde va el equipo

Como estadounidenses, admiramos a las personas que fundaron nuestra nación. Respetamos su valentía, su compromiso y su sacrificio. También admiramos su sentido de visión y misión. Sabían que estaban peleando por la libertad y por el futuro de un país que tenía el potencial para dar buenas oportunidades a su pueblo. En el sentido de misión hay un inmenso poder. El escritor W. Clement Stone afirmó: «Cuando descubre su misión, sentirá sus demandas. Le llenará de entusiasmo y un deseo ardiente de empezar a trabajar en eso». Ese sentido de deseo —y de dirección— es tan indispensable para que un equipo tenga éxito como lo es para un individuo.

2. Permiten que el líder del equipo dirija

Los jugadores de equipo conscientes de la misión y que se han comprometido con él, dejan que el líder ejerza el liderazgo. Irónicamente, el ejército americano casi perdió la batalla de Monmouth debido a la acción de uno de sus generales: Charles Lee. El comandante en jefe Jorge Washington le ordenó a Lee que atacara a los ingleses y que los persiguiera hasta que todas las fuerzas del ejército americano pudieran enfrentarlos. Lee, que se oponía al plan de Washington, avanzó con indecisión y de pronto se retiró sin causa aparente. Lee casi hace perder a los americanos la oportunidad de entrar en la batalla y derrotar al enemigo. Afortunadamente, Washington pudo tomar el mando de su subordinado pues este fue relevado luego de enfrentar una corte marcial.

> **Liderazgo es la capacidad de transformar en realidad una visión.**
> **—Warren G. Bennis**

Cada vez que el miembro de un equipo entorpece la acción del líder, aumenta la posibilidad que el equipo no alcance sus metas. Sin embargo, los integrantes con visión de misión entienden lo que el experto en liderazgo, Warren G. Bennis afirmó: «Liderazgo es la capacidad de transformar en realidad una visión». Para que un equipo triunfe, se le debe permitir al líder que dirija.

3. Los logros del equipo van por encima de los personales

El trabajo en equipo siempre requiere sacrificio. Un buen jugador de equipo siempre pone los logros del grupo por encima de los personales porque esto es lo que se necesita para alcanzar la misión del equipo. A menudo esto significa sacrificar metas personales o incluso sacrificar la seguridad personal, como fue el caso de Mary Hays. En el fragor de la batalla, ni siquiera se permitió llorar por el esposo que había perdido. Las demandas eran demasiado altas como para hacer otra cosa que no fuera servir al equipo.

4. Hacen lo que sea necesario para lograr la misión

Es obvio que Mary Hays estuvo dispuesta a hacer cualquiera cosa con tal de lograr la misión de su equipo, ya fuera realizar las labores propias de una mujer que viajaba con el ejército como cocinar, lavar la ropa o servir; o tareas inusuales a su papel típico, como unirse a los soldados en la línea de fuego. Hoy día, los miembros de un equipo con conciencia de misión deberían tener la misma actitud que tuvo Mary Hays. Si el éxito puede llegar al equipo sólo porque usted se comprometa, intente hacer algo nuevo o posponga su agenda personal, entonces eso es lo que necesita hacer.

ALGO PARA PENSAR

¿Mantienen en mente usted y sus compañeros de equipo el panorama general? ¿Está continuamente buscando formas para ayudar a su equipo a llevar a cabo su misión? ¿O tiende a complicarse con los detalles de su trabajo y pierde de vista el panorama general? Si de alguna manera obstruye el trabajo del equipo mayor —su organización— por su deseo de alcanzar el éxito personal o incluso el éxito de su departamento, entonces necesita hacer algo para mejorar su capacidad de mantener en mente la visión de su equipo.

ALGO PARA HACER

Para mejorar su conciencia de la misión...

- *Examine si su equipo está enfocado en su misión.* Es difícil mantener una mentalidad con conciencia de misión en un equipo que no parece tener una misión. Definitivamente, un equipo no es realmente un

> **Un equipo no es realmente un equipo si no se dirige a alguna parte.**

equipo si no se dirige a alguna parte. Por lo tanto, comience por medir la claridad de la misión. ¿Tiene su equipo u organización una declaración de misión? Si no, trabaje para que el equipo formule una. Y si la tiene, vea si las metas del equipo corresponden a su misión. Si los valores, misión, metas y práctica de un equipo no son compatibles, entonces le espera un tiempo difícil como miembro del equipo.

- *Busque formas de mantener la misión en mente.* Si usted es una persona que le gustan los logros, la clase de persona que está acostumbrada a trabajar sola, o que tiende a enfocarse en lo inmediato y pierde de perspectiva el panorama general, es posible que necesite ayuda adicional para recordar la misión del equipo. Escriba la misión del equipo y póngala en un lugar donde pueda verla. Anótela en una tarjeta y colóquela en el espejo del baño, en el monitor de su computadora o conviértala en una placa para el escritorio. Manténgala a la vista para que siempre esté consciente de cuál es la misión de su equipo.

- *Aporte lo mejor de su persona como miembro del equipo.* Una vez que esté seguro de la misión y dirección de su equipo, propóngase hacer la mejor contribución en el contexto del equipo y no como un individuo. Esto puede significar que quizás tenga que asumir una posición «tras bastidores» por un tiempo. O puede significar que tenga que enfocar a su círculo íntimo en una forma que contribuya más a la organización, aunque esto le reste reconomiento a usted y a su gente.

Algo para el camino

Por veinte años Reggie Jackson fue uno de los jugadores en el béisbol. Hoy día es miembro del Salón de la Fama en Cooperstown, Nueva York. Por su legendaria proeza con el bate en los juegos de eliminatorias y de las Series Mundiales en las que jugó, le dieron el nombre de «Mister Octubre».

En *How Life Imitates the World Series* [Cómo la vida se parece a la Serie Mundial], Thomas Boswell cuenta cómo Jackson, que jugaba en ese tiempo con los Orioles de Baltimore, se robó una base en un juego sin haber recibido la señal de que lo hiciera. Esto era algo que el entrenador Earl Weaver no permitía. Pero Jackson, que nunca había padecido de falta de confianza, lo hizo de todos modos. Era un corredor muy veloz y creía conocer tan bien a los jugadores del otro equipo que no dudaba que se robaría la base.

Más tarde, Weaver se llevó a Jackson aparte y le explicó por qué no había querido que robara esa base. El próximo jugador al bate era Lee May, un tremendo bateador. Con la primera base abierta y con la posibilidad que May bateara un doble, el lanzador del equipo contrario intencionalmente mandó a May a la primera base. Esto obligó a Weaver a poner al bate al siguiente jugador, quien tenía un récord muy pobre contra ese lanzador en particular. Weaver entonces tuvo que mandar a un bateador emergente con mejor promedio para tratar de hacer que Jackson y May pudieran anotar. Como resultado, cuando realmente necesitó al bateador emergente más tarde en el juego ya no pudo usarlo.

Aunque Jackson estaba correcto al confiar en su capacidad contra el equipo contrario, le causó un daño al equipo. ¿Por qué? Porque tenía su logro personal en mente y no el panorama general al tomar una decisión que afectó a todo el equipo. Los buenos jugadores ven más allá que los detalles del momento. Están siempre conscientes de la misión de su equipo y trabajan para que esa misión se alcance.

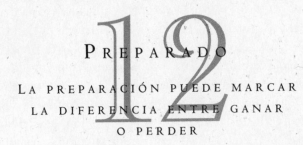

PREPARADO

LA PREPARACIÓN PUEDE MARCAR LA DIFERENCIA ENTRE GANAR O PERDER

Los logros espectaculares vienen
de la preparación rutinaria.

—*Roger Staubach*

Es mejor preparar que reparar.

—*John C. Maxwell*

HÉROE CONCIENZUDO

A Alvin York se le conoce como el mejor soldado de la Primera Guerra Mundial. Por sus acciones durante la Batalla de Argonne, York, un niño sin educación de las montañas de Tennessee recibió la Cruz por Servicios Distinguidos, la Croix de Guerre y la Legión de Honor de Francia, la Croce di Guerra de Italia, la Medalla de Guerra de Montenegro y la Medalla de Honor, la más alta condecoración de los Estados Unidos. En la ceremonia de entrega de la medalla, el comandante francés Marshal Ferdinand Foch dijo a York: «Lo que usted hizo es lo más grande que cualquier soldado de los ejércitos de Europa haya logrado jamás».[1]

Antes de la guerra, nadie hubiera anticipado que York se convertiría en un héroe... ¡ni siquiera él mismo! El tercero de once hermanos, creció en las montañas de Tennessee. Como su padre, fue trabajador de la tierra y herrero sin mayor preparación. Pero su pasión era la caza. Y como su padre y la mayoría de los hombres del barrio, era un formidable tirador.

Su padre murió cuando él tenía veinticuatro años y esto lo convirtió en el principal proveedor de la familia. Sin embargo, después de un año o dos, York empezó a pasar demasiado tiempo bebiendo, en el juego y las peleas. Pronto se ganó la reputación de alguien que «siempre sería un pobre diablo».[2] Pero el día de año nuevo de 1915, cuando tenía veintisiete años, decidió cambiar. Le prometió a su madre que cambiaría su vida, y más tarde en ese invierno, en una reunión de avivamiento, York se convirtió en un hombre de fe al entregar su vida a Cristo.

Durante los siguientes dos años Alvin York se transformó en una persona diferente. Dejó de beber, de usar tabaco, de maldecir y de pelear. Empezó a trabajar duro para sostener a su familia. Empezó a estudiar la Biblia. Y ayudó a fundar una iglesia en su pueblo donde trabajaba como anciano y director de adoración. También aceptó la postura de su denominación contra la guerra. Así que cuando en 1917 recibió un aviso de reclutamiento, no sabía qué hacer. Amaba a su país y su familia había peleado por él desde los tiempos coloniales. Pero también amaba a Dios y quería obedecerle. York escribió:

> Mi religión y mi experiencia ... me decían que no fuera a la guerra, y la memoria de mis antepasados ... me decía que tomara mi arma y fuera a pelear ... Fue la cosa más terrible cuando los deseos de tu Dios y de tu país ... se mezclaron y se pusieron el uno contra el otro ... Quería ser un buen cristiano y también un buen americano.[3]

Al principio, se clasificó York como un objetor de conciencia. Y aunque aun no había decidido si iría o no a la guerra, se fue al Campamento Gordon, en Georgia, a recibir el entrenamiento militar básico cuando recibió la orden de hacerlo. Y allí sobresalió. York era un líder nato y su vida anterior lo había preparado muy bien para ser un soldado. Era físicamente fuerte, disciplinado, y mortalmente certero con un rifle a ciento ochenta metros.

En la única área donde no estaba preparado era en su corazón. No estaba seguro si sería capaz de quitarle la vida a otra persona. De modo que empezó a trabajar con ese asunto. Habló varias veces con su pastor. Discutió su dilema con su capitán y su mayor. Luchó con esto desde el 14 de noviembre cuando se alistó en el ejército hasta el 30 de abril, justo antes de embarcarse para el frente. Y finalmente llegó a una conclusión. Sabiendo que la Biblia dice que los pacificadores son bienaventurados, York concluyó: «Si un hombre puede hacer la paz peleando, es un pacificador».[4] Eso completó su preparación, no sólo física y mental, sino también espiritualmente.

Aunque York vio acción en Francia desde principios de junio, no fue hasta el 8 de octubre de 1918 que realizó las acciones que lo convirtieron en héroe. En la Batalla de Argonne, cuando el ejército alemán dio muerte a un grupo de soldados estadounidenses de la compañía de York, diecisiete hombres, incluyendo a York, fueron enviados al campo enemigo para crear distracción. De pronto, los hombres se encontraron al mando de un campamento alemán donde más de veinte soldados habían dejado sus armas a un lado para sentarse a comer. Los tomaron prisioneros, pero por orden de un oficial alemán, las ametralladoras que apuntaban en sentido contrario se volvieron contra ellos y en unos segundos todos menos ocho de los soldados estadounidenses cayeron muertos o heridos, incluyendo a todos los oficiales no comisionados. Esto dejó a York, un cabo, al frente del grupo que sobrevivió.

Por más de dos décadas York había cazado o participado semanalmente en competencias de tiro en su pueblo de Pall Mall, Tennessee. Esa preparación le sirvió mucho aquel día contra los soldados enemigos que manejaban las ametralladoras. Mientras los soldados alemanes se asomaban para dispararle a los estadounidenses, York los mataba uno a uno. Después de varios tiros, trató de hacer que se rindieran pero ellos no quisieron. Mató a diecisiete soldados alemanes con diecisiete tiros, eliminando así la amenaza de la ametralladora.

Cuando a York se le acabaron las balas del rifle, un grupo de alemanes lo atacó con bayonetas. Él se defendió con su pistola, derribando a ocho hombres con ocho tiros. Más adelante, mientras York y los demás soldados regresaban con los prisioneros, siguieron tomando prisioneros a otros soldados y oficiales. Cuando llegaron a territorio aliado, los ocho estadounidenses iban acompañados por 132 prisioneros alemanes. La preparación de York y su capacidad para mantener la calma bajo el fuego enemigo salvó a su escuadrón y ayudó a los aliados a obtener una victoria importante.

Cuando regresó a su casa le esperaba un desfile en la ciudad de Nueva York, la fama y muchas ofertas tentadoras. Pero lo único que deseaba hacer era ayudar a los niños analfabetos de su comunidad. Sobre esto escribió: «Veo los sufrimientos durante la guerra como una preparación para hacer este trabajo en las montañas. Todo el dolor que experimenté al ir y matar me enseñaron a apreciar el valor de las vidas humanas. Todas las tentaciones que tuve que soportar tuvieron la virtud de fortalecer mi carácter». En 1926, ayudó a establecer el Instituto Agrícola York que todavía hoy día sigue preparando a jóvenes estudiantes.

UN POCO MÁS DE SUSTANCIA

El novelista español Miguel de Cervantes dijo: «El hombre que está preparado ya tiene peleada la mitad de la batalla». Así ocurrió con Alvin York, y puede ser verdad con usted también. Si quiere prepararse para poder ayudar a

> **El hombre que está preparado ya tiene peleada la mitad de la batalla.**
> **—Miguel de Cervantes**

su equipo cuando tenga que enfrentar los desafíos que se le presenten, entonces piense en lo siguiente:

1. Evaluación

La preparación comienza con el conocimiento de para qué se está preparando. Alvin York sabía que iba a la guerra y como resultado evaluó su estado personal de preparación. De igual manera, usted necesita determinar hacia dónde se dirigen usted y su equipo. Necesita examinar las condiciones con las que se encontrará. Y será necesario determinar el precio que tendrá que pagar para alcanzar la meta. Si no lo hace, no podrá prepararse en forma apropiada.

2. Alineación

Me encanta jugar golf y esto me ha enseñado una lección muy importante. Aunque usted sabe a dónde quiere ir, nunca logrará llegar a su destino si no se alinea correctamente. Esto es tan cierto en el golf como en la preparación personal. Una buena alineación hace que se alcance el éxito. Una mala alineación lo hace imposible no importa cuán preparado esté. No sólo se trata de trabajar duro. Hay que hacer el trabajo correcto.

3. Actitud

Los perezosos raramente se preparan. Los diligentes sí lo hacen pero a veces pasan por alto alguna área que los puede hacer equivocarse cuando se trata de enfrentar un desafío: descuidan su actitud. Para triunfar en cualquier intento, usted debe prepararse para no descuidar ninguno de los aspectos

> **El valor no tiene un mejor aliado que la preparación, ni el miedo tiene un peor enemigo.**

mentales involucrados en la actividad. Debe prepararse físicamente pero también debe tener una actitud positiva hacia usted, sus compañeros de equipo y su situación. Si cree en usted y en sus compañeros entonces estará en condiciones de triunfar.

4. Acción

En algún momento tendrá que entrar en acción. Estar preparado quiere decir estar listo para dar el primer paso cuando llegue el momento. Recuerde esto: El valor no tiene un mejor aliado que la preparación, ni el miedo tiene un peor enemigo.

ALGO PARA PENSAR

¿Acostumbra a desentenderse el asunto e ignorarlo hasta que llegue el momento de actuar? ¿O es la preparación sólida parte de su rutina regular? Si continuamente desanima a sus compañeros, entonces probablemente está jugando en la posición equivocada o no está dedicando suficiente tiempo y energía a prepararse para enfrentar los desafíos.

ALGO PARA HACER

Para mejorar su preparación...

- *Transfórmese en un pensador.* Henry Ford dijo: «Antes que cualquiera otra cosa, estar preparado es el secreto del éxito». La preparación requiere pensar anticipadamente, de modo que pueda reconocer ahora lo que va a necesitar más tarde. Cree un sistema o lista que le ayude mentalmente

> **Antes que cualquiera otra cosa, estar preparado es el secreto del éxito.**
>
> **—Henry Ford**

a caminar con anticipación a través de cualquier proceso, dividiendo las tareas en etapas. Luego determine cómo necesita prepararse para completar cada etapa.

- *Investigue más*. En casi todas las profesiones, la gente usa alguna clase de investigación para perfeccionarse. Familiarícese con los recursos para investigación relacionados con su actividad y trate de llegar a ser un experto en su uso.

- *Aprenda de sus errores*. A menudo, la mejor herramienta para prepararse puede ser la experiencia personal. Piense en los errores que ha cometido últimamente mientras trabajó en un proyecto o enfrentó un desafío. Escríbalos, estúdielos y decida qué tiene que hacer de manera diferente la próxima vez que se enfrente a una situación parecida.

ALGO PARA EL CAMINO

En 1946, el artista Ray Charles escuchó que la orquesta de Lucky Millinder visitaría la ciudad. Charles se las arregló para tener una audición con él y esto lo emocionó. Si lograba unirse a Millinder sería, sin duda, algo grande.

Cuando llegó su oportunidad, el joven músico tocó el piano y cantó dando lo mejor de sí. En su condición de ciego, Charles no podía ver la reacción de Millinder, por lo que cuando terminó, esperó pacientemente por su respuesta. Finalmente el director de la orquesta le dijo: «No fue lo suficientemente bueno, muchacho». Charles regresó a su cuarto y lloró.

Algún tiempo después, Charles dijo: «Aquella fue la mejor cosa que pudo haberme pasado. En lugar de compadecerme de mí mismo, me puse a practicar para que nunca nadie volviera a decirme lo que me había dicho Millinder». Y no han vuelto a decírselo. Como afirma el dicho popular: «Puedes decir que te sorprendieron una vez, después de eso, sencillamente no estás preparado». La preparación de Charles le ha rendido frutos por más de medio siglo. Ha tocado con algunos de los más talentosos músicos del mundo. Quizás la preparación no garantiza el triunfo pero sin duda te da las condiciones para alcanzarlo.

> **Puedes decir que te sorprendieron una vez, después de eso, sencillamente no estás preparado.**

13

Valora las relaciones

Si se lleva bien con los demás, la gente le seguirá

Las relaciones nos ayudan a definir quiénes somos y lo que podemos llegar a ser. Muchos podemos seguir el rastro de nuestros éxitos hasta las relaciones esenciales.

—*Donald O. Clifton y Paula Nelson*

Cualquiera que ame sus opiniones más que las de sus compañeros de equipo adelantará sus opiniones pero atrasará a su equipo.

—*John C. Maxwell*

CONEXIÓN CON LA GENTE DONDEQUIERA
QUE ESTÉN

A principios de la década del sesenta, Michael Deaver era un joven con aspiraciones políticas que buscaba un líder en quién creer y a quién seguir. La persona que encontró fue un actor que se convirtió en político llamado Ronald Reagan. En 1966, a Reagan lo eligieron gobernador de California, cargo que ocupó por dos términos, de 1967 a 1975. Durante su cargo, Deaver ejerció como jefe de personal y conservó esta posición cuando Reagan se convirtió en el cuadragésimo presidente de los Estados Unidos.

Deaver admiraba muchas cosas en el hombre con quien había trabajado por treinta años. Ronald Reagan tenía muchísimas cualidades extraordinarias: sus convicciones y amor por su país, su comprensión de él mismo, sus habilidades como comunicador y su sinceridad. Deaver dijo: «Me atrevería ir tan lejos como decir que era incapaz de ser deshonesto».[1] Pero quizás lo más impresionante sobre Ronald Reagan era su habilidad para relacionarse con la gente.

Deaver comentó: «Ronald Reagan era uno de los hombres más tímidos que he conocido».[2] Sin embargo, el presidente era capaz de comunicarse con quien fuera: un jefe de estado, un obrero común o un enérgico periodista. Cuando le preguntaron por qué Reagan llegaba tan bien a la prensa, Deaver comentó: «Bueno, básicamente a Reagan le encantaba la gente, fueran miembros de la prensa o personas comunes y corrientes. Y eso se nota. Aunque muchos periodistas no compartían la postura política del presidente, todos lo querían como persona».[3]

Parte de las habilidades de Reagan procedían de su carisma natural y desenvoltura verbal; destrezas que desarrolló en Hollywood. Pero aun más grande era su habilidad de relacionarse con la gente, algo que pulió mientras viajó durante una década por todo el país como portavoz de la General Electric.

Se dice que Reagan era capaz de hacer que cualquiera persona se sintiera como si fuera su mejor amigo, incluso a alguien que acabara de conocer. Pero más importante, se conectaba con las personas que estaban más cerca de él. Realmente se preocupaba por la gente de su equipo. «En lo que a él concernía, trataba por igual al jefe de personal, al jardinero o a la secretaria», recuerda Deaver. «Todos eran importantes para él».[4]

Deaver cuenta una historia que dice mucho sobre la conexión que ambos tenían. En 1975, Reagan dio un discurso a un grupo de cazadores preocupados de la conservación en San Francisco y la organización le regaló un pequeño león de bronce. En ese momento, Deaver admiró la figura y le dijo al gobernador Reagan lo bella que pensaba que era.

Diez años más tarde, Deaver se preparaba para poner fin a sus años de servicio al Presidente Reagan y ya había escrito su carta de renuncia. A la mañana siguiente, Reagan le pidió que fuera a su despacho en la Oficina Oval. Cuando Deaver entró, el presidente se paró frente a su escritorio para saludarlo.

El Presidente le dijo: «Mike, toda la noche me la pasé pensando en qué regalarte que sea un recuerdo de todos los gratos momentos que hemos compartido». Luego, Reagan se volteó y tomó algo de su escritorio. «Si mal no recuerdo, siempre te gustó esta cosita, ¿verdad?» le dijo, mientras sus ojos se humedecían. Y le dio a Deaver la figura de bronce del león. Deaver estaba también conmovido. No podía creer que Reagan hubiese recordado aquello después de tantos años. Desde entonces, ese león ocupa un lugar de honor en la casa de Deaver.

UN POCO MÁS DE SUSTANCIA

Los equipos quieren personas que valoricen las relaciones. A todo el mundo le gustaba estar cerca de Ronald Reagan porque amaba a las personas y se conectaba con ellas. Él entendía que las relaciones son el pegamento que mantiene unidos a los miembros de un equipo. Mientras más sólidas sean las relaciones, más consistente será el equipo.

> **Las relaciones son el pegamento que mantiene unidos a los miembros de un equipo.**

A continuación le presento la forma de saber si ha desarrollado relaciones sólidas con los miembros de su equipo. Analice las siguientes características en las relaciones con su equipo:

1. Respeto

Cuando se trata de las relaciones, todo comienza con el respeto, con la disposición de reconocer valor en la otra persona. Les Giblin, escritor sobre el tema de las relaciones humanas, dice: «No puede hacer que un compañero se sienta importante en su presencia si secretamente cree que es un don nadie».

Lo divertido sobre el respeto es que debe mostrarlo a otros aun antes que hayan hecho algo para garantizarlo, simplemente porque son seres humanos. Pero al mismo tiempo, siempre debe esperar tener que merecerlo de parte de los demás. Y cuando más rápido puede ganárselo es en los momentos difíciles.

2. Experiencias compartidas

El respeto puede ser el fundamento para una buena relación, pero eso sólo no es suficiente. No puede valorar la relación de alguien a quien no conoce. Se requieren experiencias compartidas a través del tiempo. Y esto no es fácil de lograr siempre. Por ejemplo, cuando a Brian Billick, entrenador de los Ravens de Baltimore y campeones del Super Tasón 2001, le preguntaron sobre las posibilidades que su equipo volviera a ganar el campeonato, dijo que lo veía muy difícil. ¿Por qué? Porque cada año se cambia entre el veinticinco y el treinta por ciento del equipo. Los nuevos jugadores no tienen la experiencia del resto de sus compañeros de equipo que es algo que necesitan tener para ganar.

> No puede hacer que un compañero se sienta importante en su presencia si secretamente cree que es un don nadie.
> —Les Giblin

3. Confianza

Cuando respeta a la gente y pasa con ellos el tiempo suficiente para desarrollar experiencias compartidas, está en posición de desarrollar confianza. Como mencioné en relación con la Ley del Terreno Sólido en *The 21 Irrefutable Laws of Leadership* [Las 21 Leyes Irrefutables del Liderazgo], la confianza es el fundamento del liderazgo. También es esencial para toda buena relación. El poeta escocés George Macdonald dijo: «Que confíen en

> Que confíen en ti es mayor cumplido que ser amado.
> —George Macdonald

ti es mayor cumplido que ser amado». Sin confianza, no se puede sostener ninguna clase de relación.

4. Reciprocidad

Las relaciones de una sola vía nunca perduran. Si una persona es siempre la que da y la otra es siempre la que recibe, la relación terminará por desintegrarse. Lo mismo se aplica a las relaciones en un equipo. Para que un equipo establezca y mejore sus relaciones, tiene que haber un intercambio permanente, de modo que todos puedan beneficiarse.

5. Disfrute mutuo

Cuando las relaciones crecen y empiezan a solidificarse, las personas involucradas comienzan a disfrutarse mutuamente. El mero hecho de estar juntas puede convertir una tarea desagradable en una experiencia positiva. Por ejemplo, no soy el tipo de persona que disfruta andar dando vueltas por ahí o estar parado en una fila. Pero a veces cuando mi esposa Margaret planifica salir y resolver su lista de cosas por hacer, voy con ella sencillamente porque quiero que estemos juntos. Ella es mi compañera de equipo favorita y no hay nadie en el mundo con quien prefiera pasar mi tiempo. Ambos nos beneficiamos. Ella cumple con lo que está en su lista, y yo puedo pasar tiempo con ella.

ALGO PARA PENSAR

¿Cómo anda en términos de sus relaciones? ¿Dedica mucho tiempo y energías a establecer relaciones sólidas con los miembros de su equipo o está tan concentrado en los resultados que no se preocupa de los demás sino sólo de las metas que quiere alcanzar? Si esto último es cierto, piense en las sabias palabras de George Kienzle y Edward Dare en *Climbing the Executive Ladder* [Cómo ascender en su carrera]: «Pocas cosas le pagarán más altos dividendos que el tiempo y las dificultades que pase tratando de entender a los demás. Casi nada agregará más a su estatura como ejecutivo y como persona. Nada le dará una satisfacción más grande o le traerá mayor felicidad». Convertirse en una persona que valora mucho las relaciones trae éxito individual y al equipo.

ALGO PARA HACER

Para cultivar mejores relaciones con sus compañeros de equipo...

- *Enfóquese primero en los demás.* El primero y más importante paso para llegar a ser un buen constructor de relaciones es comenzar a enfocarse en los otros y no en usted. Piense en sus compañeros de equipo. ¿En qué forma reconoce sus méritos? ¿Qué puede darles sin que se beneficie usted? No olvide que el equipo no se trata sólo de usted.

- *Haga las preguntas correctas.* Si no está seguro sobre las expectativas, deseos y metas de sus compañeros de equipo entonces necesita preguntarles. ¿Qué los hace sonreír? ¿Qué los hace llorar? ¿Cuáles son sus sueños? Averigüe quiénes están realmente haciendo las preguntas correctas y escuchando con cuidado sus respuestas.

• *Comparta experiencias comunes.* Nunca va a desarrollar un fundamento común con sus compañeros de equipo a menos que comparta experiencias comunes. El tiempo que pasen juntos cuando están trabajando como equipo es esencial, pero igualmente lo es pasar tiempo juntos fuera del horario de trabajo. Haga un esfuerzo en establecer conexiones con sus compañeros. Hagan cosas socialmente. Pase tiempo con las familias. Busque formas de compartir sus vidas.

> **Nunca va a desarrollar un fundamento común con sus compañeros de equipo a menos que comparta experiencias comunes.**

• *Haga que los demás se sientan personas especiales.* Una de las fortalezas de Ronald Reagan fue hacer que las personas de su equipo se sintieran especiales. Usted puede hacer lo mismo dando a los demás toda su atención cuando esté con ellos, diciéndoles genuinas palabras de elogio y reconociéndolos delante de sus parejas y de los miembros de sus familias. La gente se conectará con usted cuando vea que usted se preocupa por ellos.

ALGO PARA EL CAMINO

Frederick William I, rey de Prusia, no se dio a conocer por una disposición agradable. Su pasión era su ejército y pasó mucho tiempo de su vida tratando de establecerlo. No le interesaba casi nada más ni nadie más, incluyendo a su familia.

Con frecuencia fue cruel con su hijo, quien más tarde le sucedió en el trono como Frederick II, el Grande.

Ya anciano, con frecuencia Frederick William caminaba solo por las calles de Berlín. Sus súbditos huían de él. Se cuenta que en uno de esos paseos, un ciudadano lo vio venir e intentó escapar del monarca a través de un portal.

Tú —le gritó el rey—, ¿a dónde crees que vas?

—A mi casa, Su Majestad —contestó nervioso el hombre.

—¿Es esa tu casa? —le preguntó Frederick.

—No, Su Majestad.

—Entonces, ¿por qué estás tratando de entrar ahí?

—Bueno, Su Majestad —admitió el hombre, preocupado de que lo tildaran de ladrón—, es que no quería encontrarme con usted.

—¿Por qué? —preguntó el rey.

—Porque le tengo miedo, Su Majestad.

Frederick alzó el bastón que usaba para caminar y apuntando al hombre, le dijo: «Se supone que no tienes que temerme, pedazo de infeliz. Se supone que tienes que amarme».

Rara vez los miembros de un equipo siguen a alguien con quien no se llevan bien.

PRACTICA EL
MEJORAMIENTO PERSONAL

PARA MEJORAR EL EQUIPO,
SUPÉRESE USTED

Usted lucha por alcanzar la perfección, pero la
perfección es imposible. Sin embargo, *esforzarse*
por la perfección no es imposible. Haga lo mejor
que pueda bajo las condiciones existentes.
Esto es lo que cuenta.

—*John Wooden*

Aprenda como si fuera a vivir para siempre;
viva como si fuera a morir mañana.

—*Anónimo*

DE ÁRBOLES A TELÉFONOS

Si usted posee o tiene acceso a un teléfono celular, deje por un momento este libro y tome el teléfono. Al escribir esto, yo también me detuve y tomé el mío. Mire ahora el nombre del fabricante impreso en el aparato. Si usted es como yo —y como cerca de un tercio de la gente en el mundo que posee un teléfono celular— el nombre en su teléfono es Nokia.

Aunque sepa que Nokia es el productor de teléfonos celulares más grande en el mundo, probablemente nunca se ha detenido a pensar cómo se inició la compañía. La comenzó hace más de cien años Fredrik Idestram. A mediados de los 1860, cuando en Finlandia se produjo un crecimiento espectacular en la industria de la madera, Idestram construyó un pequeño molino de pulpa junto al río Emäkoski y empezó a fabricar papel. (Supongo entonces que podría decir que la compañía siempre ha estado en el negocio de las comunicaciones.)

En los primeros años, la compañía tuvo dificultades, especialmente en Finlandia. Pero cuando en 1867 Idestram medalla de bronce en la Feria Mundial de París por su pulpa con base de madera, las ventas de Nokia se dispararon y muy pronto se estableció firmemente. Sobresalió no sólo en su nativa Finlandia sino que exploró y estableció mercados en Dinamarca, Rusia, Alemania, Inglaterra y Francia. Después de no mucho tiempo, la compañía agregó dos nuevas instalaciones para la fabricación de papel.

A finales de los 1890, Nokia empezó a diversificarse. La compañía construyó una planta eléctrica movida por agua cerca de su primer molino, la que atrajo como cliente a la *Rubber Works* de Finlandia. Después de unos pocos años, la compañía de productos de goma trasladó sus operaciones para que estuvieran cerca de la planta eléctrica Nokia. Finalmente, las dos compañías se asociaron.

Durante la Primera Guerra Mundial a ambas compañías les fue bien. En 1922 compraron una parte mayoritaria de la *Finnish Cable Works* y les fue aún mejor. Continuaron vendiendo sus productos derivados de los árboles y de la industria de la goma, pero en los siguientes cuarenta años el crecimiento de la compañía se produjo por las ventas de productos de cables, tales como cables de poder, líneas telefónicas y equipos de teléfonos. Ya en 1960, la compañía trabajaba en cuatro áreas principales: silvicultura, goma, cables y equipos electrónicos.

Durante las siguientes dos décadas, Nokia pasó por tiempos difíciles. La compañía de cien años de antigüedad se había convertido en un conglomerado grandísimo y estaba perdiendo dinero. Los ejecutivos de Nokia sabían que la compañía necesitaba mejorar su situación.

La solución para los problemas de Nokia vino de una fuente improbable. En 1990, se le pidió a un joven ejecutivo que había estado trabajando con Nokia por cinco años que se hiciera cargo de la división de teléfonos móviles que para ese entonces estaba dejando pérdidas. En menos de lo que se pensaba, cambió radicalmente la situación. El nombre del joven era Jorma Ollila y su preparación era en finanzas y banca. Su éxito fue tan grande que en 1992 fue nombrado presidente y ejecutivo principal de Nokia.

El siguiente desafío para Ollila era transformar el resto de la compañía. Su estrategia tenía dos aspectos principales. Primero, decidió concentrar los esfuerzos de la organización en el área de mayor potencial: la tecnología de las comunicaciones. Esto implicaba eliminar los otros intereses de la compañía, incluyendo los que inicialmente la había lanzado al éxito: goma y papel. Segundo, Ollila quería reemplazar a los árboles por personas, lo que significaba que la compañía reconocía que su potencial descansaba en los recursos humanos y no en los recursos naturales. Esto era especialmente importante para una compañía cuyo negocio era la tecnología. «Hoy día, el reto principal de las compañías de tecnología es cómo renovarnos», dice Ollila. «Los ciclos de la tecnología son más cortos. Debemos construir en nuestra descontinuidad y volverla a nuestro favor».[1]

Ollila conoce personalmente el valor de renovarse. Posee tres maestrías: ciencias políticas, ciencias económicas e ingeniería. Ha hecho suya la meta de mejorar cada día y la ha hecho colectiva. El «Plan Nokia» se basa en cuatro objetivos: satisfacción del cliente, respeto a la persona, logros y aprendizaje continuo.

«El aprendizaje continuo le da la oportunidad a todos en Nokia a desarrollarse y encontrar formas de mejorar su trabajo», dice Ollila. «Y lo que es cierto para una persona también aplica a la compañía como equipo».[2] Si quiere mejorar un equipo —aun un equipo de sesenta mil personas como es el caso de Nokia— mejore a las personas que forman el equipo.

La estrategia ha funcionado. Ollila convirtió un conglomerado que perdía dinero en una empresa global de telecomunicaciones de veinte billones de dólares. Y Nokia sigue siendo un líder innovador en su campo. Desde 1992, la compañía ha entrado a quince importantes mercados. Si su teléfono celular tiene en el frente una plaquita con un color especial o un logotipo de un equipo, o toca una melodía agradable o tiene una breve descripción de las funciones del teléfono, puede darle gracias a Nokia. Todas estas ideas las introdujo Nokia al mercado. Y todavía sigue inventando cosas nuevas. ¿Por qué? Porque la gente en el equipo de Nokia practica el mejoramiento personal y mientras sigan mejorando, Nokia también mejorará.

«No creo que exista otra compañía que esté en mejor posición que nosotros para afrontar el próximo paradigma», dice Ollila. «Esta es una organización donde, si quiere probarse a sí mismo, si quiere desarrollarse y crecer, le ofrecemos la plataforma para hacerlo».[3]

UN POCO MÁS DE SUSTANCIA

Vivimos en una sociedad con una enfermedad de destino. Demasiada gente quiere hacer lo suficiente para «llegar» y luego quieren retirarse. Mi amigo Kevin Myers lo dice de esta manera: «Todo el mundo está buscando una salida rápida pero lo que realmente necesitan es aptitud. La gente que busca salidas deja de hacer lo que debe cuando la presión se alivia. Los que buscan aptitud hacen lo que tienen que hacer sin importar las circunstancias». Esto es lo que está haciendo la gente de Nokia. Van en busca de aptitud profesional y, como resultado, se mejoran a sí mismos.

Las personas que constantemente practican el mejoramiento personal cumplen tres procesos en un ciclo continuo en sus vidas:

1. Preparación

Napoleón Hill dijo: «Lo que cuenta no es lo que vaya a hacer, sino lo que está haciendo ahora mismo». Los jugadores de equipo que practican el mejoramiento personal piensan cómo pueden mejorar hoy, no en algún tiempo lejano en el futuro. Cuando se levantan por la mañana, se preguntan: *¿Cuáles son los momentos con potencial de aprendizaje en el día*

> **Lo que cuenta no es lo que vaya a hacer, sino lo que está haciendo ahora mismo.**
>
> —Napoleón Hill

de hoy? Luego tratan de aprovechar esos momentos. Al final del día, se preguntan: *¿Qué he aprendido hoy de lo que debo aprender más mañana?* Eso los pone en posición de seguir creciendo continuamente. Cuando las personas tienen la intención de aprender algo cada día, estarán mejor preparadas para enfrentar los desafíos que se les presenten.

2. Meditación

Hace poco me topé con esta cita: «Si estudia las vidas de los hombres verdaderamente grandes que han influenciado al mundo, encontrará que casi todos pasaron solos una considerable cantidad de tiempo: en contemplación, meditación, escuchando».[4] El tiempo a solas es esencial para el mejoramiento personal. Le permite visualizar sus fracasos y sus éxitos de modo que pueda aprender de ellos. Le da el tiempo y el espacio para agudizar su visión personal y organizacional. Y lo capacita para planificar cómo mejorar en el futuro. Si quiere mantenerse en un continuo mejoramiento, separe algún tiempo para apartarse y «bajar las revoluciones».

3. Aplicación

El músico Bruce Springsteen dijo lo siguiente: «Llega el momento en que necesita dejar de esperar por el hombre en quien quiere convertirse y empezar a ser el hombre que quiere ser». En otras palabras, necesita aplicar lo que ha aprendido. A veces esto es difícil porque requiere cambios. La mayoría de la gente cambia cuando ocurre una de estas tres cosas: sufren suficiente y tienen que hacerlo; aprenden demasiado y quieren hacerlo, o reciben tanto que son capaces de hacerlo. Su meta es mantenerse aprendiendo de tal manera que quiera cambiar para bien cada día.

> **Llega el momento en que necesita dejar de esperar por el hombre en quien quiere convertirse y empezar a ser el hombre que quiere ser.**
>
> —Bruce Springsteen

ALGO PARA PENSAR

No tiene nada de insigne ser superior a alguien; progreso es ser superior a su yo anterior. ¿Es esto algo por lo que usted se esfuerza? ¿Trata de ser mejor de lo que fue el año pasado, el mes pasado o la semana pasada? ¿Busca la manera de aprender algo cada día? ¿O espera llegar a un punto donde ya no tenga que mejorar más? (Quizás crea que ya ha llegado a ese punto.) No puede esperar por que las circunstancias o alguna otra persona que le ayuden a mejorar. Esto es algo por lo que usted tiene que responsabilizarse. George Knox tenía razón cuando dijo: «Cuando deja de ser mejor, deja de ser bueno».

ALGO PARA HACER

Para practicar el mejoramiento personal...

- *Conviértase en una persona fácil de enseñar*. El orgullo es un serio enemigo del mejoramiento personal. Durante un mes —y siempre que le sea posible—

> **El orgullo es un serio enemigo del mejoramiento personal.**

asuma los diversos papeles del alumno. En las reuniones donde hay personas que piden consejo, en lugar de hablar, escuche. Desarrolle una nueva disciplina aunque lo haga sentirse incómodo. Y pregunte cada vez que no entienda algo. Adopte la actitud de alguien que está aprendiendo, no la de un experto.

- *Planifique su progreso*. Decida cómo va a aprender en dos niveles. Primero, escoja un área en la que quiera mejorar. Planifique qué libros va a leer, a qué conferencias va a asistir y a qué expertos va a entrevistar en los próximos seis meses. Segundo, busque momentos para aprender cada día de modo que no pase un día sin experimentar progreso de alguna clase.

- *Coloque el mejoramiento personal por encima de la promoción personal*. El rey Salomón dijo: «Que la instrucción y el conocimiento signifiquen para ti más que la plata y el oro más fino. La sabiduría vale mucho más que las joyas o cualquiera cosa que desees».[5]

Que su próxima acción esté basada en cómo lo mejorará personalmente en lugar de cómo lo beneficiará financieramente.

ALGO EN LO CUAL PERSISTIR

En *Las 17 leyes incuestionables del trabajo en equipo* escribí acerca del pionero de la aviación, Charles Lindbergh y mencioné que aun el vuelo que ejecutó solo a través del Océano Atlántico fue en realidad un trabajo de equipo ya que tenía el respaldo de nueve empresarios de St. Louis y la ayuda de la compañía de Aeronáutica Ryan que construyó su avión. Pero esto no le resta méritos a su esfuerzo personal. Durante más de treinta y tres horas voló solo y cubrió la increíble distancia de 3600 millas.

Esta no es la clase de tarea que una persona sale simplemente y la hace. Hay que trabajar hasta llegar a ella. ¿Cómo lo hizo Lindbergh? Una historia de su amigo Frank Samuels nos da una perspectiva del proceso. En los años de 1920, Lindbergh acostumbraba llevar correspondencia por aire desde St. Louis. Ocasionalmente iba a San Diego para verificar cómo iba la construcción de su avión, el *Espíritu de St. Louis*. A veces Samuels iba con él, y los dos pasaban la noche en un pequeño hotel. Una noche Samuels despertó poco después de la medianoche y se dio cuenta que Lindbergh estaba sentado frente a la ventana, observando las estrellas. Aquel había sido un largo día, de modo que Samuels le preguntó:

—¿Qué estás haciendo ahí sentado a estas horas?

—Sólo practicando— respondió Lindbergh.

—¿Practicando qué?

—Cómo permanecer despierto toda la noche.

Cuando pudo haber estado disfrutando de un bien merecido descanso, Lindbergh hacía un esfuerzo para mejorar su persona. Esta fue una inversión que pagó buenos dividendos y lo mismo puede ocurrirle a usted.

DESINTERESADO

NO HAY YO EN UN EQUIPO

La vida no debe medirse exclusivamente con el
estándar de los dólares y centavos. No estoy
dispuesto a quejarme por haber plantado y que
otro haya recogido los frutos. Un individuo tiene
razón para quejarse sólo cuando siembra
y nadie cosecha.

—Charles Goodyear

Cuando usted deja de dar y ofrecer algo al resto
del mundo, es hora de apagar las luces.

—George Burns

EL VERDADERO HOMBRE DETRÁS
DEL PUENTE

Cuando la situación es de vida o muerte, la mayoría de las personas se preocupan más por ellos mismos que por otros. No Philip Toosey. Como oficial del ejército inglés durante la Segunda Guerra Mundial tuvo muchas oportunidades de velar por su supervivencia, pero en cambio, siempre veló por su equipo.

En 1927 cuando Toosey tenía veintitrés años y se alistó en el Ejército Territorial —un tipo de ejército de reserva— lo hizo porque quería hacer más que sólo desarrollarse en su carrera en banca y comercio. Tenía otros intereses. Era un buen atleta y le gustaba jugar rugby, pero muchos de sus amigos se estaban alistando, así que decidió hacer lo mismo. Lo comisionaron como segundo teniente en una unidad de artillería donde se destacó como líder y comandante de escuadrón. Con el tiempo, alcanzó el rango de mayor.

En 1939 llamaron a su unidad al servicio activo cuando la guerra estalló en Europa. Sirvió brevemente en Francia, lo evacuaron en Dunkirk y luego lo embarcaron para servir en el Pacífico. Allí participó en un fallido intento por defender de la agresión japonesa a la Península de Malaya y a Singapur. Ya en ese tiempo, Toosey había sido ascendido a teniente coronel y estaba al frente del regimiento número 135 de la División Dieciocho del ejército. Y aunque él y sus hombres pelearon bien durante la campaña, las fuerzas inglesas fueron repetidamente obligadas a retirarse hasta que regresaron a Singapur.

Fue allí donde Toosey realizó el primero de muchos actos característicos de la humildad. Cuando los ingleses se dieron cuenta que era inevitable rendirse, se le ordenó a Toosey abandonar a sus hombres y su barco de manera que su experiencia como oficial de artillería pudiera preservarse y usarse en otro lugar. Él se negó a hacerlo. Más tarde comentó sobre esto:

No podía creer lo que oían mis oídos, pero siendo un Territorial (en lugar de un oficial de ejército regular) me negué. Recibí una tremenda reprimenda y me dijeron que obedeciera las órdenes. Sin embargo, fui capaz de decir que como un Territorial todas las órdenes estaban sujetas a discusión. Respondí que como artillero había leído el Manual de Entrenamiento de Artillería, Volumen II, que dice claramente que en cualquier retirada, el oficial a cargo es el último en salir.[1]

Él sabía el efecto negativo que tendría sobre su moral si abandonaba a sus hombres, de modo que permaneció con ellos. En consecuencia, cuando en febrero de 1942 las fuerzas aliadas en Singapur se rindieron a los japoneses, Toosey se convirtió en prisionero de guerra, igual que sus hombres.

Toosey estaba en un campo de prisioneros de guerra en Tamarkan, cerca de un río importante llamado Kwae Yai. Como oficial más antiguo, estaba al mando de los prisioneros aliados. Los japoneses le asignaron el trabajo de construir puentes a través del río, primero de madera y luego de hierro y concreto. (La novela y más tarde la película *El puente sobre el río Kwai* se basan en las cosas que ocurrieron en este campo de prisioneros, pero Toosey no se parecía en nada al coronel Nicholson de la película.)

La primera vez que Toosey recibió estas órdenes quiso negarse. Después de todo, el Tratado de Hague de 1907, que los japoneses habían ratificado, prohibía que se obligara a los prisioneros de guerra a ejecutar trabajos que pudieran ayudar a los enemigos en sus esfuerzos bélicos. Pero Toosey también sabía que rechazar la orden podría traer represalias, las que describió como «inmediatas, físicas y severas».[2] El biógrafo Peter N. Davies comentó: «De hecho, Toosey se dio cuenta rápidamente que no tenía una alternativa real en este asunto y aceptó que el asunto vital no era si las tropas llevarían a cabo el trabajo sino cuántos iban a morir en el proceso».[3]

Toosey decidió pedir a los prisioneros que cooperaran con sus captores, pero todos los días ponía en riesgo su vida al pedir en nombre de sus hombres que les aumentaran las raciones de comida, que establecieran un horario regular de trabajo y que cada semana tuvieran un día de descanso. Su insistencia rindió los frutos deseados aunque más tarde confesó: «Cuando se asume una responsabilidad como la que yo asumí, aumentan considerablemente los sufrimientos personales».[4] Lo golpearon con frecuencia y lo hacían pararse bajo el sol en posición firme por doce horas, pero sus persistentes peticiones hicieron que los japoneses mejoraran las condiciones de vida de los prisioneros aliados. Y notablemente durante los diez meses que duraron los trabajos de construcción de los puentes, sólo murieron nueve prisioneros.

Más tarde, como comandante de un campo hospital de prisioneros de guerra, Toosey se hizo famoso por hacer todo lo posible por ayudar al bienestar de sus hombres, incluyendo salir al encuentro en persona de cada grupo de prisioneros que arribaba al campo, aun en medio de la noche. Hizo uso del mercado negro para obtener medicina, comida y otros artículos aun a riesgo de que lo sorprendieran, lo que significaría una muerte segura. Siempre insistió en asumir la responsabilidad por el funcionamiento de una radio ilegal en caso que los japoneses llegaran a descubrirla. Y cuando la guerra terminó, su primera preocupación fue encontrar a los hombres de su regimiento. Viajó trescientas millas para reunirse con ellos y asegurarse que estuvieran bien.

Después que volvió a Inglaterra, tomó tres semanas de vacaciones y luego volvió al trabajo que tenía antes de la guerra con el banco mercantil Barings. Nunca buscó gloria por sus acciones durante la guerra, ni se quejó por la película *El puente sobre el río Kwai*, aunque era evidente que la odiaba. La única cosa en su vida relacionada con la guerra fue su trabajo en favor de la Federación de Prisioneros de Guerra del Lejano Oriente para ayudar a otros ex prisioneros de guerra. Fue otra acción característica de un hombre que siempre puso su equipo antes que él mismo.

UN POCO MÁS DE SUSTANCIA

El poeta W.H. Auden escribió: «Estamos aquí en la tierra para hacer el bien a los demás. Para qué están los demás aquí, no lo sé». Ningún equipo va a triunfar a menos que sus integrantes pongan a los demás del equipo antes que ellos. Ser desinteresado no es fácil, pero es necesario.

Como miembro de un equipo ¿como cultiva una actitud desinteresada? Empiece por hacer lo siguiente:

1. Sea generoso

San Francisco de Asís afirmó: «Todo lo que obtienes, te separa de los demás; todo lo que das, te acerca a los demás». El corazón del desinterés es la generosidad. No sólo ayuda a unir al equipo, sino que también mantiene el progreso en

> Todo lo que obtienes, te separa de los demás; todo lo que das, te acerca a los demás.
>
> —San Francisco de Asís

el grupo. Si los miembros están dispuestos a darse generosamente al equipo, entonces todo está dispuesto para tener éxito.

2. *Evite las políticas internas*

Una de las peores formas de egoísmo es asumir posturas políticas dentro del equipo. Esto por lo general significa buscar el beneficio personal sin preocuparse por el daño que tal actitud pueda ocasionar al conjunto. Pero los buenos jugadores de un equipo se preocupan por los beneficios que pudieran obtener sus compañeros más que por los propios. Esa clase de desinterés ayuda a los compañeros y beneficia al que da. Albert Einstein solía decir: «Una persona empieza realmente a vivir cuando puede vivir fuera de ella misma».

3. *Promueva la lealtad*

Si usted muestra lealtad a sus compañeros, ellos le responderán con lealtad. Este fue ciertamente el caso del coronel Toosey. Vez tras vez, él se arriesgó por sus hombres y, como resultado, ellos trabajaron duro, le sirvieron bien y completaron el trabajo que se les había asignado, incluso en circunstancias sumamente difíciles. La lealtad genera unidad y la unidad produce equipos de éxito.

> **La lealtad genera unidad y la unidad produce equipos de éxito.**

4. *Valore más la interdependencia que la independencia*

En Estados Unidos valoramos mucho la independencia porque a menudo viene acompañada de innovación, trabajo duro y voluntad de defender lo que es correcto. Pero si se lleva la independencia demasiado lejos es una característica del egoísmo, especialmente si daña y obstaculiza a otros. Séneca dijo: «Ningún hombre puede vivir felizmente si se preocupa sólo de él y trata de que todo redunde en su beneficio. Usted debe vivir para otros si desea vivir para usted».

ALGO PARA PENSAR

Si quiere ser un jugador que contribuya al éxito de su equipo, tiene que poner a los demás antes que usted. ¿Cómo se siente cuando tiene que pasar a un segundo plano? ¿Le molesta que otra persona reciba el crédito por un trabajo bien hecho? Si no está en el «cuadro de apertura» del equipo, ¿grita, pone mala cara o se rebela? Todas estas cosas son características de jugadores egoístas.

ALGO PARA HACER

Para convertirse en un jugador desinteresado...

* *Promueva a otro compañero.* Si acostumbra hablar de sus logros y promoverse ante los demás, decida por dos semanas guardar silencio sobre su persona y alabar a los otros. Busque cosas positivas que decir acerca de las acciones y cualidades de otras personas, especialmente a sus superiores, familiares y amigos cercanos.

* *Asuma un papel secundario.* La tendencia natural de la mayoría de las personas es tomar el mejor lugar y dejar a los demás que se las arreglen como puedan. Durante todo el día de hoy practique la disciplina de servir, dar el primer lugar a otros o asumir un papel secundario. Hágalo durante una semana y vea cómo esto afecta su actitud.

- *Dé secretamente*. El escritor Juan Bunyan afirmó: «Usted no ha vivido exitosamente el día de hoy a menos que haya hecho algo por alguien que nunca podrá pagarle». Si da a otros en su equipo sin que lo sepan, no podrán retribuirle. Inténtelo. Haga de esto un hábito y verá que no podrá dejar de hacerlo.

ALGO PARA EL CAMINO

Cada otoño aquí en Atlanta, los fanáticos locales empiezan a entusiasmarse con el equipo de fútbol del Instituto Tecnológico de Georgia (*Georgia Tech*). Hoy día el equipo del *Tech* es bueno pero en el pasado era una aplanadora. En 1916, los *Tech* jugaron con el equipo de la pequeña escuela de leyes, Universidad Cumberland, y los estaban haciendo papilla.

> **Usted no ha vivido exitosamente el día de hoy a menos que haya hecho algo por alguien que nunca podrá pagarle.**
>
> **—John Bunyan**

Se cuenta que cerca del final del juego, Ed Edward, el *quarterback* de Cumberland lanzó torpemente el balón y al ver a todos los jugadores del *Tech* que se abalanzaban sobre ellos, gritó desesperado a sus compañeros: «¡Agarren el balón! ¡Agarren el balón!»

Uno de sus compañeros, cansado de que sus oponentes lo aplastaran, le contestó: «Agárralo tú... ¡tú lo botaste!» Demás está decir que el *Tech* ganó el juego. La puntuación final: 222-0.

O R I E N T A D O
A L A S O L U C I Ó N

Q U E S U R E S O L U C I Ó N S E A
E N C O N T R A R L A S O L U C I Ó N

Escuche siempre a los expertos. Ellos le dirán
lo que no se puede hacer y por qué.
Entonces, hágalo.

—Robert Heinlein

No busque fallas; busque el remedio.

—Henry Ford

SU RESPUESTA A LA TRAGEDIA

Pocas cosas en la vida son más trágicas o dolorosas que perder a un hijo. John Walsh, animador del programa de televisión *America's Most Wanted* [Lo más buscados en América], sabe de lo que hablo. En 1981, él y su esposa, Reve, perdieron a su hijo de seis años, Adam, cuando secuestraron al niño afuera de un centro comercial en Florida y luego lo asesinaron. Estaban destruidos.

La gente reaccionó de diversas maneras ante la tragedia. Algunos padres adoptaron una actitud defensiva y dijeron que nunca volverían a confiar en la gente. Otros se hundieron en la depresión. Muchos reaccionaron con ira y prometieron vengarse. Al principio, los Walsh estaban furiosos. Querían encontrar al asesino. Pero también querían demandar a la tienda donde secuestraron a Adam. Cuando desapareció, nadie en la tienda pudo ayudarles a encontrar a su hijo, y más tarde se enteraron que un guardia de seguridad que trabajaba allí le había dicho al niño que saliera de la tienda. Los padres se sentían ultrajados.

Pero pronto abandonaron la idea de la demanda. En lugar de pensar en el pasado, John Walsh buscó una solución que miraba al futuro. Así fue como decidió que trataría de hacer algo con el problema del secuestro de niños que cada día aumentaba alarmantemente a través del país. Empezó a trabajar para crear un sistema nacional de computadora para ayudar en la búsqueda de niños perdidos. Se transformó en un defensor de las víctimas de crímenes y en un activista para lograr la legislación apropiada. En 1984, cofundó el National Center for Missing and Exploited Children, NCMEC (Centro Nacional para Niños Perdidos y Explotados), una organización que trabaja en la prevención del abuso infantil, ayuda en la prevención del crimen y actúa como un centro nacional para información sobre niños perdidos.

El NCMEC ha desarrollado uno de los programas más importantes para la seguridad del niño llamado «Código Adam», que se ha instalado en más de 13.000 tiendas a través de la nación. Cuando un cliente informa la pérdida de un niño, se activa una alerta general en la tienda y se da a empleados especialmente designados una descripción del niño. Estos empleados inician la búsqueda del niño y vigilan las puertas de salidas. Si en diez minutos no lo encuentran, entonces llaman a la policía.[1]

A través de los años, el equipo de NCMEC, que ahora consiste de 125 empleados, ha ayudado en más de 73.000 casos que involucran niños, y el grupo ha ayudado a recuperar más de 48.000 niños perdidos. El trabajo de NCMEC ha sido determinante en el aumento del promedio de recuperación de niños perdidos de un sesenta por ciento en los años ochenta a un noventa y uno por ciento actualmente.[2]

No creo que nadie hubiera criticado a los Walsh si se hubieran aislado de la gente después de la muerte de su hijo. Sin embargo, como son personas orientadas a la solución, superaron la dificultad del hecho y han ayudado a decenas de miles de personas al formar un equipo para ayudar a los niños.

UN POCO MÁS DE SUSTANCIA

La mayoría de las personas pueden ver los problemas. Para eso no se requiere una habilidad o talento especial. Como Alfred A. Montapert señaló: «La mayoría ve los obstáculos; pocos ven los objetivos; la historia registra los éxitos de los últimos mientras que el olvido es la recompensa de los primeros». Quien piense en términos de soluciones en lugar de problemas solamente puede ser alguien que marque la diferencia. Un equipo lleno de personas con esa mentalidad puede hacer muchas cosas.

Su tipo de personalidad, educación e historia personal pueden afectar su orientación a encontrarle solución a los problemas. Todas las personas orientadas a las soluciones reconocen estas verdades... piense en ellas:

1. Los problemas son asunto de perspectiva

No importa lo que puedan decir, sus problemas no son su problema. Si cree que algo es un problema, entonces lo es. Sin embargo, si cree que esa situación es simplemente un revés temporal, un obstáculo pasajero o una solución en proceso, entonces no tiene ningún problema (porque usted no lo ha creado).

Los obstáculos, reveses y fracasos son simplemente parte de la vida. No puede evitarlos. Pero eso no significa que tiene que permitir que se transformen en problemas. Lo mejor que puede hacer es enfrentarlos con una mente orientada a la solución. Es sólo cuestión de actitud.

2. Todos los problemas tienen solución

Algunas de las personas que más se han destacado solucionando problemas han sido inventores. Charles Kettering, explicó: «Cuando era director de investigación de General Motors y quería que un problema se resolviera, ponía una mesa fuera del cuarto de reunión con un letrero que decía: "Deposite aquí su regla de cálculo". Si no lo hacía, alguien intentaría sacar su regla de cálculo. Entonces se pondría de pie y diría: "Jefe, eso no puede hacerse"». La fórmula de

Kettering abrió el camino para una carrera que incluyó la creación de más de 140 patentes, la fundación de Delco y un lugar en el Salón de la Fama de los Inventores. Él creía que todos los problemas podían solucionarse y ayudó a cultivar esa actitud en otros. Y si quiere ser una persona orientada a encontrar soluciones, tiene que estar también dispuesto a cultivar esta actitud.

3. Los problemas pueden hacer dos cosas: lo detienen o lo retan
    Orison Swett Marden, fundador de la revista *Success* [Éxito], dijo que «los obstáculos se verán grandes o pequeños según usted sea grande o pequeño». Los problemas lo hacen sufrir o lo ayudan. Depende cómo los enfrente, le impedirán seguir adelante o lo harán esforzarse de tal manera que no sólo podrá vencerlos sino que en el proceso llegará a ser una persona mejor. Usted decide.

> **Los obstáculos se verán grandes o pequeños según usted sea grande o pequeño.**
>
> **—Orison Swett Marden**

ALGO PARA PENSAR

¿Cómo mira a la vida? ¿Ve una solución en cada desafío o un problema en cada circunstancia? ¿Vienen a usted sus compañeros de equipo porque tiene ideas de cómo vencer los obstáculos, o evitan hablarle de sus dificultades porque usted hace las cosas *más* difíciles? Lo que usted es determina lo que ve. Cuando tiene que enfrentarse a los problemas, sólo tiene cuatro alternativas: escapa de ellos, pelea con ellos, se olvida de ellos o los enfrenta. ¿Qué es lo que usualmente hace?

Para transformarse en un miembro del equipo más orientado a la solución de problemas...

- *Niéguese a rendirse.* En el mismo momento en que esa persona quiere decir: «Me rindo», otra que enfrenta la misma situación estará diciendo: «¡Qué gran oportunidad!» Piense en una situación imposible que tengan usted y sus compañeros de equipo. Decida no darse por vencido hasta que dé con la solución.

- *Reenfoque su pensamiento.* No hay problema que pueda resistir el asalto de un pensamiento sostenido. Dedique tiempo para trabajar con el problema compañeros clave. Asegúrese de dedicar el mejor tiempo del día, no cuando esté cansado o distraído.

> **No hay problema que pueda resistir el asalto de un pensamiento sostenido.**

- *Revise su estrategia.* Albert Einstein, ganador del Premio Nobel de Física, dijo: «Los problemas cruciales que enfrentamos no los podemos resolver al mismo nivel de pensamiento que teníamos cuando los creamos». Salga del encierro de su pensamiento típico. Rompa algunas reglas. Reflexione sobre algunas ideas absurdas. Redefina el problema. Haga lo que sea necesario para generar ideas frescas y aborde el problema.

- *Repita el proceso*. Si al principio no tiene éxito en resolver el problema, no se desespere. Si lo resuelve, entonces repita el proceso con otro problema. Recuerde, su meta es cultivar una actitud orientada a encontrar soluciones que pueda poner a trabajar todo el tiempo.

ALGO PARA EL CAMINO

En 1939 las tropas soviéticas entraron y anexaron los estados del Báltico, incluyendo a Latvia. El vicecónsul estadounidense en Latvia, capital de Riga, vio lo que estaba pasando y le preocupaba que los soldados soviéticos saquearan la sede de la Cruz Roja Americana. Se comunicó con el Departamento de Estado para pedir autorización para izar la bandera de los Estados Unidos más alta que la bandera de la Cruz Roja para proteger las provisiones que allí había, pero la respuesta de sus superiores fue: «No existe precedente para actuar de esa manera».

El vicecónsul izó la bandera. Luego mandó un mensaje al Departamento de Estado en el que decía: «En esta fecha, he establecido un precedente».

Por lo general, las soluciones están en el ojo del observador.

TENAZ

NUNCA, NUNCA, NUNCA SE DÉ POR VENCIDO

Mirar lejos es una cosa; llegar allí es otra.

—*Constantin Brancusi*

Para terminar primero, tiene que terminar.

—*Rick Mears*

¿Otros fabulosos cuatro?

En el verano de 2001, mi esposa Margaret y yo fuimos a Inglaterra por diez días con nuestros amigos Dan y Patti Reiland, Tim y Pam Elmore y Andy Steimer. Hemos sido amigos de los Reiland y los Elmore por casi veinte años y hemos hecho muchos viajes juntos, así que esperábamos este con ansiedad. Y aunque a Andy no hacía mucho tiempo que lo conocíamos, es un buen amigo y como había estado en Inglaterra muchas veces estaba haciendo el papel de nuestro guía turístico no oficial.

Durante los preparativos, varios de nosotros hablamos de algunos intereses específicos y lugares históricos que queríamos visitar. Por ejemplo, yo quería visitar todos los lugares relacionados con Juan Wesley, el reconocido evangelista del siglo XVIII. Por más de treinta años he estudiado a Wesley, leído sus escritos y coleccionado sus libros. De modo que fuimos a Epworth, donde creció, a la Capilla de Wesley en Londres y a varios lugares donde predicó. Para complacer a Tim, visitamos Cambridge y otros lugares relacionados con el apologista, profesor y escritor C.S. Lewis. Como Andy ya había estado en Inglaterra tantas veces sólo tenía interés en un lugar: los cuartos desde donde Winston Churchill intervino en la Segunda Guerra Mundial.

Tres de nosotros queríamos caminar por los lugares donde nuestros héroes habían caminado, echar un vistazo a la historia y quizás tratar de entender el sentido de destino que alguno de estos grandes líderes o pensadores deben de haber experimentado. Entonces, estaba Dan. Claro, sin duda él disfrutaba compartiendo nuestros intereses. A él le gusta el tema del liderazgo, ha leído las obras de C.S. Lewis y es un pastor wesleyano ordenado. Y la pasó muy bien visitando nuestros lugares preferidos. Pero el único lugar que *tenía* que visitar era el cruce donde los Beatles se retrataron para la portada del álbum «Abbey Road». Dan quería tomarnos una foto cruzando esa calle tal como John, Ringo, Paul y George lo habían hecho en su momento.

A mí me gustan los Beatles y pensé que sería divertido visitar el lugar. Pero para Dan, era más que una simple visita. Aquello era esencial. Si no íbamos a Abbey Road, su viaje no estaría completo. Por eso, cada día que salíamos del hotel en Londres para cumplir con nuestro itinerario, Dan nos recordaba: «Hoy vamos a ir a Abbey Road, ¿verdad?»

El último día al fin teníamos en agenda nuestra travesía a Abbey Road. Todos, excepto Margaret, nos levantamos a las seis de la mañana y nos metimos como pudimos en dos taxis para hacer el viaje a través de la ciudad para ir a la calle fuera del estudio de grabación donde los Beatles grabaron su último disco. Cuando nos aproximábamos, Dan estaba tan emocionado que temí que fuera a lanzarse por la ventana del taxi sin esperar a que este se detuviera.

Cuando llegamos, no podíamos creer lo que estábamos viendo. ¡La calle estaba cerrada! Los enormes camiones de construcción estaban por todos lados y los conos color naranja cubrían la acera. Parecía que habíamos perdido nuestro tiempo haciendo el viaje. Como esa tarde nos íbamos de Londres, no dispondríamos de otra oportunidad para tomar la foto. Dan tendría que regresar a casa con las manos vacías.

De todos modos decidimos salir de los taxis, sólo para examinar la situación. Nos imaginamos que debía haber un gran proyecto de construcción en la pequeña calle. Sin embargo, descubrimos que iban a colocar una enorme grúa, que estaba como a media milla de distancia, en aquella calle y por eso estaba cerrada. Esto nos dio una esperanza de que, después de todo, quizás tendríamos éxito. Nadie quería que Dan se desalentara y a mí siempre me han gustado los retos. Así que pusimos manos a la obra.

Nos pusimos a hablar con los trabajadores que habían cerrado el camino. Al principio, no tenían idea de lo que queríamos. Poco a poco entendieron por qué estábamos allí, se cruzaron de brazos, se pararon más firmes que el Peñón de Gibraltar y nos dijeron que no se podría. Aquel era su lugar de trabajo y nada ni nadie los quitaría de allí. Sin embargo, tuve que reírme cuando hablamos con uno de los trabajadores que tendría unos veinticinco años. Cuando le dijimos que Dan quería una foto como la del disco de los Beatles, y que la foto original la habían tomado justo allí, el joven nos dijo, sorprendido: «¿De verdad que fue aquí?»

Hablamos con ellos un poco más. Hicimos bromas. Les dijimos que los invitaríamos a todos a almorzar. Y les explicamos todo el camino que habíamos recorrido para llegar allí y cuánto valor tenía esa foto para Dan. «Ustedes pueden ser los héroes de Dan», les expliqué. Después de un rato, vi que estaban empezando a suavizarse. Finalmente, un tipo grande y fornido con un fuerte acento, dijo: «¡Vamos a ayudar a estos yanquis a que se vayan. ¿Qué nos cuesta?»

Lo próximo que pasó fue que parecía que estaban trabajando para nosotros. Empezaron a sacar los conos y a mover los camiones. Incluso permitieron que Patti, la esposa de Dan, se subiera a uno de los camiones para tomar una foto que tuviera el mismo ángulo de la de los Beatles. Rápidamente nos alineamos: primero Tim, luego Andy, yo (descalzo como Paul McCartney) y finalmente Dan. Fue un momento que jamás olvidaremos y todavía hoy tengo la foto sobre mi escritorio para recordar aquel momento.

UN POCO MÁS DE SUSTANCIA

Aquel día de verano en Londres, ¿tuvimos éxito debido a nuestro talento extraordinario? No. ¿Fue porque estuvimos allí en el momento preciso? En realidad el momento en que llegamos nos trajo problemas. ¿Fue el poder o la cantidad? No, apenas éramos seis. Logramos lo que queríamos por nuestra tenacidad. Nuestro deseo de tomar aquella foto era tan grande que el éxito de nuestro pequeño equipo era casi inevitable.

Es apropiado finalizar el análisis de las cualidades esenciales de un jugador de equipo hablando de esto porque la tenacidad es crucial para el éxito. Aun la gente que carece de talento y no cultiva algunas de las otras cualidades vitales para el miembro de un equipo tiene la oportunidad de contribuir al grupo y ayudarlo a triunfar si posee un espíritu tenaz.

Ser tenaz quiere decir...

1. Dar todo lo que tiene, no más de lo que tiene

Algunas personas que carecen de tenacidad suponen erróneamente que ser tenaz demanda más de lo que tienen para ofrecer. Como resultado, no se exigen. Sin embargo, ser tenaz requiere que usted dé el cien por ciento... no más, pero tampoco menos. Si da todo lo que tiene, tendrá cada oportunidad posible para triunfar.

Mire el caso del general George Washington. Durante el transcurso de la Guerra de la Revolución, sólo ganó tres batallas. Pero dio todo lo que tenía, y cuando triunfó, se hizo sentir. El general inglés Cornwallis, que se rindió a Washington en Yorktown al final de la guerra, dijo al comandante en jefe americano: «Señor, lo saludo no sólo como un gran líder de hombres, sino también como a un indomable caballero cristiano que se negó a darse por vencido».

2. Trabajar con determinación, no esperar en el destino

Las personas tenaces no se recuestan en la buena suerte, la casualidad o el destino para alcanzar el éxito. Y cuando las condiciones se ponen difíciles, siguen trabajando. Saben que los momentos que nos prueban no son momentos para dejar de probar. Y esto es lo que marca la diferencia. Para las miles de personas que se rinden, siempre hay alguien como Thomas Edison, que dijo: «Yo comienzo cuando el último que lo intentaba se aburrió».

> ...los momentos que nos prueban no son momentos para dejar de probar.

3. Pare cuando el trabajo esté hecho, no cuando usted esté cansado

Robert Strauss dijo que «el éxito es un poco como luchar contra un gorila. Usted no deja de luchar cuando está cansado sino cuando el gorila está cansado». Si quiere que su equipo alcance el éxito, tiene que seguir tratando más allá de lo que *cree* que puede hacer y descubrirá cuánto en realidad es capaz de hacer. Lo que hace la diferencia en la carrera de relevos no es el primer paso sino el último, en un partido de básquetbol es el último tiro y en el fútbol es esa última yarda con el balón dentro de la zona de anotación. Es aquí donde se gana el juego. El escritor motivador Napoleón Hill lo resumió así: «Toda persona exitosa encuentra que los grandes triunfos están justo al otro lado del punto donde estaba convencida que su idea no iba a funcionar». La tenacidad se mantiene hasta que el trabajo está terminado.

ALGO PARA PENSAR

¿Qué tan tenaz es usted? ¿Persiste cuando otros se dan por vencidos? Si está en el final de la novena entrada y hay dos *outs*, ¿ya perdió el juego mentalmente o está listo para llevar a su equipo a la victoria? Si el equipo no ha encontrado la solución a un problema ¿está dispuesto a seguir luchando hasta el último segundo para tratar de lograr el triunfo? Si a veces se rinde antes que el resto del equipo, quizás lo que le falta es una fuerte dosis de tenacidad.

ALGO PARA HACER

A.L. Williams dice: «Usted le gana al cincuenta por ciento de las personas en Estados Unidos trabajando duro. Vence otro cuarenta por ciento siendo una persona honesta e íntegra y creer en algo. El último diez por ciento es una lucha a muerte en el sistema de la libre empresa». Para mejorar su tenacidad...

- *Trabaje duro o con más astucia.* Si usted es una persona que se pasa mirando el reloj y no trabaja ni un

> Usted le gana al cincuenta por ciento de las personas en Estados Unidos trabajando duro. Vence otro cuarenta por ciento siendo una persona honesta e íntegra y creer en algo. El último diez por ciento es una lucha a muerte en el sistema de la libre empresa.
>
> —A.L. Williams

minuto más de su horario, entonces necesita cambiar sus hábitos. Añada entre sesenta a noventa minutos de trabajo, llegando al trabajo cada mañana entre treinta y cuarenta y cinco minutos antes y quedándose igual cantidad de tiempo después de su horario normal. Si ya lo está haciendo, entonces planifique de nuevo su día de trabajo para sacarle un mejor provecho a su tiempo.

• *Crea en algo*. Para tener éxito, debe actuar con absoluta integridad. Sin embargo, si puede añadir a eso el poder de propósito, va a tener un margen adicional. Escriba en una tarjeta cómo su trabajo diario se relaciona con su propósito general. Luego revise esa tarjeta diariamente para mantener su fuego emocional ardiendo.

• *Haga de su trabajo un juego*. Nada alimenta más la tenacidad mejor que la naturaleza competitiva. Trate de aprovechar esto haciendo de su trabajo un juego. Busque a otros en su organización que tengan metas similares y cree un espíritu amistoso de competencia con ellos para motivarse mutuamente.

ALGO PARA EL CAMINO

La gente decía que no podía hacerse: construir un ferrocarril sobre el nivel del mar desde la costa del Océano Pacífico hasta la Cordillera de los Andes, el segundo sistema montañoso más alto del mundo después de los Himalaya. Pero eso era, precisamente, lo que Ernest Malinowski, un ingeniero nacido en Polonia quería hacer. En 1859, se propuso construir una línea de ferrocarril desde Callao en la costa del Perú hasta el interior del país, a una elevación de más de quince mil pies. Si se alcanzaba el éxito, sería el ferrocarril más alto del mundo.

Los Andes son unas montañas traidoras. La altitud hace muy difícil el trabajo, pero hay que agregar a esto, las bajas temperaturas, los glaciares y el potencial de actividad volcánica. Y las montañas se suben desde el nivel del mar hasta decenas de miles de pies en una distancia muy corta. Ascender a esas alturas en aquellas montañas dentadas requeriría toboganes, rutas en forma de zigzag y numerosos puentes y túneles.

Pero Malinowski y sus trabajadores triunfaron. Jans S. Plachta dice: «Hay aproximadamente cien túneles y puentes, y algunos de ellos son verdaderas hazañas de ingeniería. Es difícil visualizar cómo pudo hacerse este trabajo con un equipo de construcción relativamente primitivo, grandes alturas y un terreno montañoso lleno de obstáculos». Hoy día, el ferrocarril es un testimonio a la tenacidad de los hombres que lo construyeron. Sin importar lo que pudiera ocurrir en el proceso, Malinowski y su equipo nunca, nunca, nunca se dieron por vencidos.

CONCLUSIÓN

Espero que haya disfrutado *Las 17 cualidades esenciales de un jugador de equipo* y que se haya beneficiado con la sección «Algo para hacer» de cada capítulo. Hemos diseñado estas asignaciones para que le ayuden a manejar cada cualidad y para que comience un proceso continuo de crecimiento personal en su vida.

Quiero animarle a mantenerse creciendo como un jugador de equipo. Revise periódicamente este libro para comprobar cómo va su desarrollo. Visite en la Internet la página www.QualitiesOfATeamPlayer.com para evaluar el trabajo de su equipo e incorporarse a un programa regular de desarrollo. Si está buscando recursos que le ayuden con ese proceso, contacte mi organización:

> The INJOY Group
> P.O. Box 7700
> Atlanta, GA 30357-0700
> 800-336-6506

Con todo gusto le enviaremos un catálogo y el programa de conferencias que estamos ofreciendo en este momento.

Manténgase creciendo, siga fortaleciendo su equipo y nunca olvide: ¡Uno es un número demasiado pequeño para alcanzar la grandeza! Éxito en su jornada.

NOTAS

CAPÍTULO 1
1. «Perfect Pitch» [Lanzamiento perfecto], *Contexto*, Abril-Mayo 2001 www.contesxtmag.com.
2. *Ibid*.
3. *Ibid*.

CAPÍTULO 2
1. Rob Davis, «The Real Escape—The Tunnels: "Tom", "Dick" and "Harry"» [El verdadero escape. Los túneles: «Tom», «Dick» y «Harry»], 16 de julio 2001 www.historyinfilm.com/escape.
2. «The Great Escape» [El verdadero escape], 2 de julio 2001, www.historyinfilm.com/escape.
3. Proverbios 27.17

CAPÍTULO 3
1. «Jonás Salk, M.D.: Entrevista, 16 de mayo de 1991», 2 de julio 2001 www.achievement.org.
2. *Ibid*.
Frederic Flach, *Choices: Coping Creatively with Personnel Change* [Alternativas: Cómo lidiar creativamente con los cambios de personal], (Philadelphia, PA: J.B. Lippincott), 1977.

CAPÍTULO 4
1. «An Interview with Legendary Coach Herman Boone» [Una entrevista con el legendario entrenador Herman Boone], 5 de enero 2001 www.blackathlete.com.

2. «Herman Boone, Coach» [Herman Boone, entrenador], 29 de mayo 2001 www.achievement.org.

3. «Interview with Herman Boone and Bill Yoast» [Entrevista con Herman Boone y Bill Yoast], *Remember the Titans* (DVD), Walt Disney Pictures, 2000.

CAPÍTULO 5

1. Minét Taylor, «Minétspeak», *Wood & Steel*, verano 2001, 3, 5.

2. «From the Beginnign» [Desde el comienzo], 18 de julio 2001 www.taylorguitars.com/history.

3. «Heartline», diciembre 1993.

CAPÍTULO 6

1. «Biography» [Biografía], página de Christopher Reeve, 30 de julio 2001 www.fortunecity.com

2. «New Hopes, New Dreams» [Nuevas esperanzas, nuevos sueños], *Time,* 26 de agosto 1996, www.fortunecity.com.

3. *Ibid.*

4. *Ibid.*

5. *Ibid.*

CAPÍTULO 7

1. Christopher Hosford: «30 Years of Progress for the Ultimate 10-Event Man» [Treinta años de progreso para el mejor hombre del decatlón], Revista *Life Extension*, septiembre 1998, 11 de junio 2001, www.lef.org /magazine.

2. Gordon MacDonald, *The Life God Blesses* [La vida que Dios bendice], (Nashville: Thomas Nelson, 1994).

CAPÍTULO 8

1. «Edwardian Conquest» [La conquista de Eduardo], 14 de junio 2001, www.britannia.com/wales.

CAPÍTULO 9

1. «History» [Historia], 7 de agosto 2001, www.harley-davidson.com.

2. Rich Teerlink y Lee Ozley, *More Than a Motorcycle: The Leadership*

Journey at Harley-Davidson [Más que una motocicleta: El viaje al liderazgo en Harley-Davidson] (Boston: Harvard Business School Press, 2000), 8.

3. «Motorcycle and Consumer Data» [Información sobre motocicletas y clientes], 7 de agosto 2001 www.investor.harley-davidson.com.

4. John C. Maxwell, *El lado positivo del fracaso: Cómo transformar los errores en escalones al éxito*, Nashville, Caribe-Betania Editores, 2000.

5. «Smell the Roses: Parade Flotas in the Making» [Huele las rosas: Fabricación de carrozas para el desfile], 28 de diciembre de 1997, www.channel2000.com.

CAPÍTULO 10

1. Pleasant T. Rowland, «Welcome to Pleasant Company» [Bienvenido a la Compañía Pleasant], 26 de junio 2001, www.americangirl.com.

2. «Company Profile» [Perfil de la compañía], 26 de junio 2001, www.americangirl.com.

CAPÍTULO 11

1. «Who was Molly Pitcher?» [¿Quién era Molly Pitcher?] Garry Stone, 3 de agosto 2001 uweb.superlink.net/monmouth/molly.

CAPÍTULO 12

1. John Perry, *Sgt. York: His Life, Legend and Legacy* [El sargento York: Su vida, leyenda y legado] (Nashville: Broadman y Holman, 1997), 97.

2. «Alvin Cullum York», 2 de julio 2001 volweb.utk.edu.schools/york.

3. Gladys Williams, «Alvin C. York», 2 de julio 2001 volweb.utk.edu/ schools.

4. Perry, *Sgt. York*, 32.

5. Williams, «Alvin C. York».

CAPÍTULO 13

1. Michael K. Deaver, «The Ronald Reagan I Knew» [El Ronald Reagan que yo conocí], *Parade*, 22 de abril 2001, 12.

2. *Ibid.*, p. 10.

3. «Thirty Years with Reagan: A Chat with Author, Former Reagan Aide

Michael Deaver» [Treinta años con Reagan: Una charla con el autor, ex ayudante de Reagan, Michael Deaver], 20 de abril 2001 www.abc-news.com.

4. *Ibid.*

CAPÍTULO 14

1. Joyce Rouston, «Nokia CEO Talks About Next-Generation Mobile Technology» [El ejecutivo principal de Nokia habla de la tecnología móvil de la nueva generación], 6 de marzo 2001 www.gsb.stanford.edu/news.

2. «The Nokia Way» [A la manera de Nokia], 29 de junio 2001, www.nokia.com.

3. John S. McClenahen, «CEO of the Year» [Ejecutivo principal del año], 30 de noviembre 2000, www.industryweek.com.

4. Anónimo.

5. Proverbios 8.10-11, paráfrasis del autor.

CAPÍTULO 15

1. Peter N. Davies, «The Man Behind The Bridge: Colonel Toosey and the River Kwai» [El hombre detrás del puente: El Coronel Toosey y el río Kwai], (Londres: Athlone Press, 1991), 56.

2. *Ibid.*, 107-8.

3. *Ibid.*, 99.

4. «A Tale of Two Rivers» [Historia de dos ríos], *Electronic Recorder*, marzo 1998 www.livgrad.co.uk.

CAPÍTULO 16

1. «Code Adam» [Código Adam], 29 de mayo 2001 www.ncmec.org.

2. «Our Story» [Nuestra historia], 29 de mayo 2001 www.ncmec.org.